ライブラリ 商法コア・テキスト 1

コア・テキスト

商法総則・商行為法

川村正幸・品谷篤哉・酒井太郎

COMMERCIAL LAW
GENERAL RULES AND TRANSACTION

新世社

は し が き

　本書は，平成29年（2017年）民法改正と平成30年（2018年）商法改正を受けて改められた商法総則・商行為法に全面的に対応する新しいテキストである。本書は「ライブラリ　商法コア・テキスト」の一書であり，商法総則・商行為法のコアを形成する論点とこの法領域の理解にとって重要な議論とを中心にわかりやすく論述する。内容の理解に役立つ図表を適宜挿入するとともに，随所に掲載するコラムでやや詳細な内容，統計資料，重要判例の紹介，最新のトピックを取り上げ，また，重要語句を太字にし，かつ重要解説部分を明示して，読みやすく理解しやすい書となるように工夫している。

　商法典は明治32年（1899年）に制定された法律であるが，その規律が現代社会とは適合しなくなっているとの指摘がなされてきたところ，会社法の制定，商法の一部の現代語化に伴う商法改正が行われ，さらに，平成29年民法改正に伴い，商法総則および商行為法のいくつかの規定が民法規定との整合性を図るため削除，改正された。次いで，平成30年商法改正により，運送営業と海商法に関する規定を中心として大幅な商法改正が行われた。これらにより，商法は全面的に現代語化されるとともに，現代社会に適合した法律に一新されている。

　以上のうち，令和2年（2020年）4月1日から施行される平成29年民法改正に伴い，商事消滅時効制度および商事法定利率制度の廃止，さらに，有価証券に関する規定の商法から民法への移行が行われた。このため，有価証券に関する一般的議論は，民法，手形法・小切手法のテキストに譲ることとして，本書の論述対象からはずしている。また，民法改正により定型約款制度が導入された。従来，約款に関しては，商法総則のテキストの総論中で，商法の法源の一つとして論じることが一般化していたが，民法改正を受けて，商事契約の成立の問題として捉え直すことが適当と考え，本書では第2編商行為法の総則において取り上げている。

i

運送・海商関係を中心とした平成30年商法改正は，平成31年（2019年）4月1日から施行された。これにより，海上運送を対象とする商法第3編の海商編を含めて，運送営業関係の全面改正が行われた。本書では，第2編第7章の運送営業および第8章の運送取扱営業の部分にあたる。改正により商法第2編商行為第8章の規定は，陸上運送に関する規定であるとともに，海上運送・航空運送にも共通する運送に関する総則的規律としての意味を持つに至った。このうち，従来陸上運送において重要な論点となっていた貨物引換証の制度は，その利用実例が今日において存しないため廃止され，このことは倉庫営業に関する論述にも大きな変化をもたらしている。他に，商法第2編商行為のうち，第5章の仲立営業，第6章の問屋営業，第9章の寄託の現代語化が行われた。このうち，第9章第2節の倉庫営業については，倉庫証券として複券の利用実態が存しないことを理由に倉荷証券だけが認められることとなったため，単純な現代語化に止まらず，これに対応した規定改正が行われている。

　本書は，最新の商法改正に対応するとともに，商法総則・商行為法のぜひ理解してほしい中核をわかりやすく論じるものである。本書が商法を学びたいと考える学生の皆さんや社会人の方々の要望に応えることができ，実務や勉学の助けとなることができれば誠に幸いである。

　終わりに，本書の刊行にあたり，大きなご助力を頂いた新世社編集部の御園生晴彦氏，谷口雅彦氏に心より感謝の意を表したい。

　2019年5月

執筆者を代表して　　川村　正幸

目　次

第1編　商法総則　　　　1

第1章　総　論　　　　2

1 商法の意義 (2)

⑴　商法とは何か　(2)／⑵　実質的意義における商法・形式的意義における商法　(5)／⑶　実質的意義の商法をめぐる議論　(6)／⑷　企業法論から見た，実質的意義における商法の特質・理念　(7)／⑸　実質的意義における商法の範囲　(7)

2 形式的意義における商法の構成と適用対象 (8)

⑴　商法の構成と適用対象　(8)／⑵　本書で扱われる内容　(9)

3 商事に関する法源とその適用順序 (9)

⑴　商事に関する法源とその適用順序　(9)／⑵　商事自治法　(10)／⑶　商事条約　(10)／⑷　商事特別法および民法特別法　(11)／⑸　商慣習法および民事慣習法　(11)

第2章　商　人　　　　13

1 商人の2分類（固有の商人と擬制商人）(13)

2 固有の商人の成立要件（商4条1項）(13)

⑴　「自己の名をもって」の意義　(13)／⑵　「商行為」の意義　(14)／⑶　「業とする」の意義　(15)

3 商人になることができる者（商人資格）(16)

⑴　自然人　(16)／⑵　制限能力者　(16)／⑶　法人（公法人および特殊法人）　(17)／⑷　法人（私法人のうち営利法人）　(18)／⑸　法人（私法人のうち非営利法人）　(18)

4 自由業者の商人資格 (20)

5 商人資格の取得と喪失 (20)

⑴　問題の所在　(20)／⑵　開業準備行為　(21)／⑶　商人資格の取得時

iii

期をめぐる議論　（21）

6　小商人および会社に対する商法の適用除外　（23）

第3章　商行為（商 501 〜 503 条）　25

1　絶対的商行為（商 501 条各号）　（25）

2　営業的商行為（商 502 条各号）　（27）

⑴　総説　（27）／⑵　個別説明　（27）／⑶　営業的商行為の例外となる行為（商 502 条柱書但書）　（29）

3　附属的商行為（商 503 条）　（29）

第4章　商 業 登 記　31

1　商業登記の意義　（31）

⑴　商業登記の意義　（31）／⑵　商業登記制度の目的・機能　（31）／⑶　登記事項および登記義務　（32）／⑷　登記申請　（32）

2　商業登記の効力　（34）

⑴　登記前の効力　（34）／⑵　登記後の効力　（35）／⑶　特殊の効力（37）

3　不実登記の効力　（38）

⑴　総説　（38）／⑵　「不実の事項を登記した者」の意義　（39）／⑶　「善意の第三者」の意義　（40）

第5章　商　号　42

1　商号の意義・機能　（42）

2　商号使用に関する商法上の制限（類似商号規制）　（43）

3　名板貸責任　（44）

⑴　趣旨　（44）／⑵　商号の使用許諾（名板貸人の帰責事由）　（45）／⑶　誤認可能性のある外観および第三者の誤認　（46）／⑷　取引によって生じた債務　（49）

第6章　営 業 譲 渡　50

1　営業譲渡の意義　（50）

⑴　営業譲渡に関する商法の規制，会社の事業譲渡　（50）／⑵　営業譲渡の定義　（51）

2　営業譲渡の効果　（54）

(1)　競業避止義務　(54)／(2)　商号を続用する営業譲受人の債務引受責任
(54)／(3)　その他の効果　(58)

3　詐害的営業譲渡における債権者の履行請求権　(59)

第7章　商 業 帳 簿　　　　　　　　　　　　　　　61

1　総　説　(61)
2　商業帳簿の意義　(62)
3　商業帳簿の保管および提出義務　(65)

第8章　商 業 使 用 人　　　　　　　　　　　　66

1　商業使用人の意義　(66)
　(1)　営業の補助者　(66)／(2)　商業使用人　(66)
2　支 配 人　(67)
　(1)　支配人の意義　(67)／(2)　支配人の支配権（包括的代理権）　(68)／(3)
　支配人の選任と終任　(69)／(4)　支配人の義務　(70)／(5)　支配権の濫用
　(70)／(6)　表見支配人　(71)
3　その他の使用人　(74)
　(1)　ある種類または特定の事項の委任を受けた使用人　(74)／(2)　物品販
　売店等の使用人　(75)

第9章　代 理 商　　　　　　　　　　　　　　　76

1　代理商の意義　(76)
　(1)　代理商制度　(76)／(2)　代理商制度の経済的意義　(77)／(3)　商人と
　代理商との関係　(77)
2　代理商の義務と権限　(77)
　(1)　通知義務　(77)／(2)　競業避止義務　(78)／(3)　通知を受ける権限
　(78)／(4)　代理商契約の解除　(79)／(5)　代理商の留置権　(79)

第2編　商 行 為 法　　81

第1章　商行為法総則　　82

1 商行為および商行為法の特徴　(82)
 (1) 商行為の特徴　(82) ／(2) 商行為法の特徴　(83)

2 約款による取引　(85)
 (1) 普通取引約款　(85) ／(2) 定型約款——立法による約款規制　(87)

3 契約の成立　(91)
 (1) 申込みの存続期間　(91) ／(2) 諾否通知義務　(92) ／(3) 申込みを受けた者の物品保管義務　(93)

4 債権の担保　(94)
 (1) 流質契約　(94) ／(2) 商人間の留置権　(94)

5 債務の履行　(99)

6 債務者・保証人の連帯　(101)
 (1) 多数債務者間の連帯　(101) ／(2) 保証人の連帯　(103)

7 商行為の営利性　(105)
 (1) 商人の報酬請求権　(105) ／(2) 商人の利息請求権　(106)

8 商行為の代理・委任　(107)
 (1) 商行為の代理　(107) ／(2) 商行為の委任　(112)

第2章　売 買　　114

1 概　要　(114)

2 売主による目的物の供託・競売　(115)

3 確定期売買の解除　(117)

4 買主による目的物の検査・通知　(119)
 (1) 民法のルール　(119) ／(2) 商法のルール　(122)

5 買主による目的物の保管・供託　(124)

第3章　交 互 計 算　　126

1 概　要　(126)

2 消極的効力　(127)

3 古典的交互計算理論と段階的交互計算理論　(129)

4 積極的効力　(130)

第4章　匿名組合　　　134

1 概　要　(134)
2 匿名組合員の権利義務　(135)
3 営業者の権利義務　(138)
4 匿名組合契約の終了　(140)

第5章　仲立営業　　　143

1 概　要　(143)
2 仲立契約　(144)
3 仲立人の義務　(145)
4 仲立人の権利　(148)

第6章　問屋営業　　　150

1 概　要　(150)
2 問屋契約　(151)
3 問屋の義務　(153)
4 問屋の権利　(154)

第7章　運送営業　　　157

1 運送営業の意義　(157)
　　(1)　運送人　(157)／(2)　運送　(158)
2 物品運送　(159)
3 荷送人の義務と権利　(162)
　　(1)　送り状（運送状）交付義務　(162)／(2)　危険物に関する通知義務
　　(163)／(3)　運送賃の支払義務　(165)／(4)　荷送人の処分権　(165)
4 運送人の義務と責任　(166)
　　(1)　運送人の損害賠償責任　(166)／(2)　運送人の損害賠償の額　(167)／
　　(3)　高価品についての損害賠償の特則　(168)／(4)　運送人の責任の特別消
　　滅事由　(170)／(5)　期間の経過による運送人の責任の消滅　(171)／(6)
　　運送人の不法行為責任との関係　(172)／(7)　運送人の被用者の不法行為責
　　任　(174)
5 運送人の権利　(174)
　　(1)　送り状交付請求権　(174)／(2)　運送賃請求権　(174)／(3)　費用償還

請求権 （175）／⑷ 留置権・先取特権 （175）／⑸ 運送品の供託・競売権 （176）／⑹ 運送人の債権の消滅時効 （176）

6 荷受人の権利・義務 （177）

7 複合運送および相次運送 （178）

    ⑴ 複合運送 （178）／⑵ 相次運送 （179）

8 旅 客 運 送 （180）

    ⑴ 旅客運送契約 （180）／⑵ 旅客運送人の責任 （181）／⑶ 旅客運送人の旅客に対する債権の消滅時効 （184）

第8章　運送取扱営業　　185

1 運送取扱営業の意義 （185）

2 運送取扱契約の委託者の権利と義務 （186）

3 運送取扱人の義務と責任 （186）

4 運送取扱人の権利 （188）

    ⑴ 報酬請求権 （188）／⑵ 留置権 （188）／⑶ 介入権 （189）／⑷ 運送取扱人の債権の消滅時効 （189）

5 相次運送取扱い （190）

第9章　寄　託　　192

1 寄託の意義 （192）

2 場屋営業者の寄託物に関する責任 （193）

    ⑴ 場屋営業の意義 （193）／⑵ 場屋営業者の責任 （193）／⑶ 高価品についての特則 （195）／⑷ 短期消滅時効 （196）

第10章　倉 庫 営 業　　197

1 倉庫営業の意義 （197）

2 倉庫寄託契約 （198）

3 倉庫営業者の義務と権利 （199）

    ⑴ 倉庫営業者の義務 （199）／⑵ 倉庫営業者の責任 （201）／⑶ 倉庫営業者の権利 （203）

4 倉 荷 証 券 （204）

    ⑴ 倉荷証券の意義 （204）／⑵ 倉荷証券の効力 （205）／⑶ 倉荷証券の債権的効力（文言証券性） （206）／⑷ 倉荷証券の物権的効力（引渡証券性） （208）

5 荷渡指図書 （209）

索　引

事 項 索 引　(211)

判 例 索 引　(215)

目

次

凡 例

⑴ 法 令 名

一般法人	一般社団法人及び一般 財団法人に関する法律	商施規	商法施行規則
会　社	会社法	商　登	商業登記法
会　更	会社更生法	手	手形法
銀　行	銀行法	破　産	破産法
金　商	金融商品取引法	非　訟	非訟事件手続法
憲	憲法	不正競争	不正競争防止法
刑	刑法	民	民法
鉱　業	鉱業法	民　再	民事再生法
商	商法	民　訴	民事訴訟法

⑵ 判 例

大　判	大審院判決	高　判	高等裁判所判決
大　決	大審院決定	地　判	地方裁判所判決
最　判	最高裁判所判決		

⑶ 判 例 集

民　録	大審院民事判決録
民　集	最高裁判所（大審院）民事判例集
集　民	最高裁判所裁判集民事編
下民集	下級裁判所民事判例集
判　時	判例時報
判　タ	判例タイムズ
金　判	金融・商事判例
金　法	金融法務事情
新　聞	法律新聞
労　判	労働判例

第1編
商 法 総 則

■ 第 1 章 ■
総　論

1　商法の意義

⑴　商法とは何か

　商法は，商事に関する規範を定めた法律である（商1条1項）。定義を明らかにする条文がないので今日の有力学説を踏まえていえば，商法による規律の対象であるところの「商事」とは，営利目的を実現するために組織的かつ継続的に行われる活動に関する事柄，およびそのような活動を行う主体に関する事柄をおおよそ意味するものであると解される。1899年（明治32年）の制定からしばらくの間は，商事に関するルールを豊富に取りそろえた大法典としての地位を，商法はまさに有していた。しかしやがて，規制の対象がそれぞれ有する特質や規制目的の違いに着目して，一部の規定がまとまった形で商法から分離され，単行法として独立していった（手形法，会社法，保険法など。表-1参照）。その結果，今日の商法は，基本的法律としての地位は依然として維持しながらも，商事に関する法体系の一つの層または領域を構成するに過ぎなくなった。

表-1　商法の沿革

1890（明治23）年	商法（明治23年法律32号）が制定される。現行の商法との区別のため，この法律は明治23年商法または旧商法典と呼ばれる。総則，第1編商ノ通則，第2編海商，第3編破産の1064箇条から構成されていた。明治23年商法は，度重なる施行延期の後，会社，手形，破産，ならびに会社の商業登記および商業帳簿に関する規定が1893年に部分施行され，1898年に残り全部が施行された。明治23年商法の施行が延期されている間に，修正案の起草が進められていた。
1899（明治32）年	明治23年商法を全面的に改訂した法律が商法（明治32年法律48号）として制定され，同年施行される（それに伴い明治23年商法は第3編破産を除いて廃止）。これが現行の商法である。制定当初は，第1編総則，第2編会社，第3編商行為，第4編手形，第5編海商の689箇条から構成されていた。
1911（明治44）年	商業帳簿，民事会社（商行為を業としない会社），合併，取締役その他に関する商法改正が行われる。
1923（大正12）年	破産法（大正11年法律71号）の施行に伴い，明治23年商法の第3編破産が廃止される。
1934（昭和9）年	手形法（昭和7年法律20号）および小切手法（昭和8年法律57号）の施行に伴い，商法第4編手形が廃止される。
1938（昭和13）年	株式会社規定の増強を中心とする商法改正が行われる。有限会社法（昭和13年法律74号）が制定される（会社法の施行に伴い2006年に廃止）。
1950（昭和25）年	株式会社の基本的諸制度に関して米国の制度を大幅に取り入れるための商法改正が行われる。
1957（昭和32）年	国際海上物品運送法（昭和32年法律172号）が制定される。
1962（昭和37）年	会社の計算規定を中心とする商法改正が行われる。
1963（昭和38）年	商業登記法（昭和38年法律125号）が制定される。それまで，商業登記の手続は非訟事件手続法（明治31年法律14号）の第3編第5章に規定されていた。
1974（昭和49）年	株式会社の監査制度を中心とする商法改正が行われる。株式会社の監査等に関する商法の特例に関する法律（通称：監査特例法。

1
商法の意義

	⬂昭和49年法律22号）が制定される（会社法の施行に伴い2006年に廃止）。
1981（昭和56）年	株主の権利強化，監査役の権限強化，株式相互保有規制などに関する商法改正が行われる。
1990（平成2）年	最低資本金制度の導入を中心とする商法改正が行われる（会社法が施行された2006年に最低資本金制度は廃止）。
1993（平成5）年	監査役会制度の導入，社債制度の充実などに関する商法改正が行われる。
1997（平成9）年	合併手続の簡易化，罰則規定の強化などに関する3回の商法改正，および監査特例法の改正が行われる。
1999（平成11）年	株式交換・株式移転制度を導入するための商法改正が行われる。
2000（平成12）年	会社分割制度を導入するための商法改正が行われる。
2001（平成13）年	自己株式取得規制の緩和，種類株式の多様化，新株予約権制度の導入，取締役の責任一部免除等に関する3回の商法改正が行われる。短期社債等の振替に関する法律(現名称：社債，株式等の振替に関する法律。平成13年法律75号)が制定される。
2002（平成14）年	委員会設置会社(現在の指名委員会等設置会社)制度を導入するための商法改正が行われる。
2005（平成17）年	会社法（平成17年法律86号）が制定される。これに合わせて商法の第2編会社を削除し，第1編総則，および(第3編から繰り上がった)第2編商行為の一部（第1章総則から第4章匿名組合まで）の規定を現代語化するための改正が行われる。
2010（平成22）年	保険法（平成20年法律56号）の施行に伴い，商法第2編商行為第10章保険の規定が廃止される。
2014（平成26）年	会社分割制度に関する会社法改正に合わせて，詐害的営業譲渡に関する商法18条の2を新設するための改正が行われる。
2017（平成29）年	第2編商行為の時効・法定利率・有価証券その他に関する規定が削除される(民法による規制への移行)。
2018（平成30）年	運送・海商関連規定の全般的修正，第2編商行為および第3編海商のすべての規定の現代語化を内容とする商法改正が行われる。

(2) 実質的意義における商法・形式的意義における商法

　商法以外に，取引および取引主体に関するルールを定めている重要な法律として，民法がある。民法は，「人」（自然人および法人）というあらゆる権利義務主体およびその行為を規律の対象とするものであり，商法が特別の規定を置いていない限りは，そして，民法に優先して適用されるべき他の法規範がない限りは，商法上の商人およびその行為もまた，民法の適用を受けることとなる。商法の条文は，民法が定める規定に商事の観点から修正を加えた規定と，民法に定めのない商法独自の規定の2種類に大別することができる。

　しかし，それらの商法規定は，上の(1)のような現状ゆえに網羅的なものとは到底いえないし，大法典としての体裁を保っていた頃にさかのぼってみても，商法の規定全体を貫く理念やポリシーといったものが，条文の構成および内容の上にわかりやすく示されていたわけではない。ここにおいて，民法と比較した際に商法が有する意義または独自性というものが存在するか否か，そして存在するとすればそれはどのようなものであるかが，商法学者の間で長らく論じられてきた。むろん，上の(1)からもわかるように，商事に関するルールは，今日，商法の中で完結せず，複数の法律を通じて提供されているから，それらの法律を総合すれば，商事法の体系といったものを構想することができ，ひいては民法との相対的独立性を観念することができると考えられる。そのような商事法の体系のことを，実質的意義における商法という。そして，1個の法律としての商法（明治32年法律48号）のことを，形式的意義における商法という。

◆コラム——商法の独自性に対する懐疑：民商二法統一論，民法の商化━━━
　もし，商法の民法に対する独自性を見いだすことができないならば，組織的かつ継続的に行われるものを含むあらゆる取引，そしてそれらの取引を行う主体に十分対応することができるルールを考案して民法に置いてしまえばよく，商法を別に存置する必要はない。これを民商二法統一論という。民商法を統合した立法が，台湾，スイス，イタリア，オランダにおいて実際に行われている。
　さらに，経済的合理性を実現するという観点から，民法の条文およびその解釈

の中に，従来商法が提供してきた制度や解釈理論が取り込まれるという傾向が現実に見られる。これを民法の商化という（**第2編第2章1**〔114頁〕参照）。有価証券に関する一般規定の，商法（平成29年改正前商517条〜519条）から民法への移行，商事法定利率・商事債権の消滅時効（同改正前商514条・522条）の廃止および民法上の制度への統合などが代表例として挙げられる。

(3) 実質的意義の商法をめぐる議論

　では，実質的意義における商法というものは，いかなる固有の理念または特質を有しており，その領域はどこまで及ぶのだろうか。この点をめぐり，①商法の歴史的展開に着目したアプローチ（沿革把握説），②規制対象または規制目的の共通性を探求するアプローチ（性格把握説），③規制対象および規制目的に共通性を与える根本的要因を探求するアプローチ（実体把握説）の順で学説が提唱されてきた。そして現在，③の実体把握説が通説的な地位を占めている。

　まず，上記①の沿革把握説とは，商法の規制に取り込まれていった対象を歴史的に跡づけることにより，実質的意義における商法の領域を明らかにしようとするものである。それによれば，固有の商（我々が一般に商人と呼ぶところの，財や役務の媒介業者），次いでその補助商（固有の商の取引を代理または仲介する業者，物品運送業者，銀行，損害保険業者），さらに第三種の商（固有の商およびその補助商とは異なるが，形態および経営方法が類似するもの。旅客運送業者，生命保険業者など）が規制対象に取り込まれていったと指摘される。しかし，固有の商から第三種の商へと商法の対象が拡大していったことの根拠や，これらの対象に共通する要素を明らかにしていないと批判される。

　上記②の性格把握説は，実質的意義における商法の規制対象が有する共通の特質を挙げた上で，そのような特質に配慮した法的規制の体系が，まさに実質的意義における商法であると解するものである。性格把握説に属する代表的な学説として商的色彩論がある。それによれば，商法の規制対象がもつ特質（同論にいう「商的色彩」）として，営利性，大量性，反復性，継続性，迅速性，集団性，そして没個性を挙げることができるとされる（**第2編第1章1**

⑴コラム〔82頁〕参照）。

上記③の実態把握説は，企業法論とも呼ばれる。それによれば，実質的意義における商法は，企業をめぐる生活関係を規律するためのルール，すなわち，企業の組織と活動を対象としたルールであると説明される。そして，企業法論において「企業」とは，一定の計画に従い，継続的意図をもって資本的計算の下に営利活動を行う，独立した経済単位体であると定義される。企業法論によれば，①の商法の発展は企業組織および取引の発展の結果であると理解することができるし，②で列挙された商的色彩も，企業をめぐる生活関係という実体が与える外面的特徴に他ならないということになる。

⑷ 企業法論から見た，実質的意義における商法の特質・理念

企業法論から見たとき，実質的意義における商法は，①企業組織の確立と，②企業活動の円滑を図ることを目的としたルールから構成されていると解される。

上記①の企業組織に関するルールとして，企業形態の多様性と企業の維持・強化に関する各種の規定が主として会社法により提供される。上記②の企業活動の円滑に関するルールは，企業活動における自由主義（強行規定を減らして当事者の合意を極力優先すること）・営利主義・迅速主義（取引を迅速に成立させ，または取引関係を迅速に終了・解消させること）・外観主義（形式的事実に信頼した者を保護することにより，相手方の実体にかかる調査の負担を軽減すること）・公示主義（個別開示に代わる公示の仕組みを提供するとともに，重要情報の開示を義務づけること）・厳格責任主義（多数の利害関係者の信頼確保のため，契約不履行や法令違反に基づく責任を重くすること）などに関する諸規定が，商法および商事に関するいくつかの法律により提供される。

⑸ 実質的意義における商法の範囲

企業法論にいう企業をめぐる生活関係の規律を目的にしていると考えられる法律は，商法のほか，会社法，商業登記法，手形法・小切手法，信託法，保

険法，国際海上物品運送法，担保付社債信託法，社債・株式等の振替に関する法律など，多数に上る。また，企業をめぐる生活関係を市場の秩序維持の観点から規制する法律（経済法）として，独占禁止法および金融商品取引法があり，これらは実質的意義における商法と他の法律との間の交錯領域に位置するものと考えられる。その他，労働者保護，消費者保護，および国民生活の安全確保等の観点から，企業をめぐる生活関係を規律する法律もあり（労働契約法などの労働法，消費者契約法や特定商取引に関する法律などの消費者法，そして，保険業法や倉庫業法などのいわゆる業法），それらもまた同様の交錯領域に位置するものといえる。

2 形式的意義における商法の構成と適用対象

(1) 商法の構成と適用対象

　商法（明治32年法律48号）は，第1編総則，第2編商行為，第3編海商から構成されている。第1編総則には，①商法の適用方法にかかる一般原則（商1条～3条），②商人の定義（商4条），③商人固有の設備・機構に関する最小限の規制（公示方法，名称，帳簿組織，人的補助者など。商8条～31条）が定められている。第2編商行為には，④商行為の定義（商501条～503条），⑤商行為に適用される一般的規制（商504条～521条），⑥商人間の売買にかかる民法の特則（商524条～528条），⑦商法独自の契約形態（交互計算および匿名組合。商529条～542条），⑧数種の営業に関する私法的規制（仲介業，運送業，倉庫業その他。商543条～617条）が定められている。第1編と第2編の間で条文番号が大きく隔たっている（第31条の次が第501条となっている）のは，平成17年（2005年）商法改正により，それまで存在していた会社関連の条文が会社法に移行して，当該条文がすべて削除されたためである。また，平成20年（2008年）の保険法制定に伴い，商法618条から683条までの条文も削除されている。

　商法の適用対象は「商人」および「商行為」の2つである。商人と商行為

との間には，次のような関係がある（詳細は**第2章2**(2)〔14頁〕参照）。

　まず，商法において商人は，自己の名をもって商行為をすることを業とする者であると定義される（商4条1項）。商行為には，商法501条および502条で個別具体的に規定される基本的商行為と，会社法その他で規定される特別法上の商行為がある。つまり，商法では，商行為の定義があることを前提として，商行為に従事する者は商人であるという定義が行われている。これを商法の商行為法主義という。それに対し，行為主体が従事する行為の内容ではなく，行為主体そのものの属性に基づいて商人を定義するというアプローチを商法の商人法主義という。日本の商法は，商行為法主義を基調としつつ，商法4条2項（擬制商人）により限定的に商人法主義を採用するという，折衷主義の形式をとっている。

(2) 本書で扱われる内容

　本書は，商法の第1編総則および第2編商行為を解説するものである。第3編海商が除外されているのは，海商法（船舶の利用に関する取引および船舶の海上における活動）が民法・商法から独立した法律として長きにわたって発展してきたという歴史を有しており，必ずしも商事（いわゆる海上企業の組織と取引）だけに特化した規制を行うものではないという点を考慮したことによる（船舶法35条は，非営利目的で利用される船舶に商法第3編が準用される旨を定めているが，これは海商法本来の汎用的性格を裏付けるものであるといえる）。

3　商事に関する法源とその適用順序

(1) 商事に関する法源とその適用順序

　実質的意義の商法，すなわち企業の組織と取引を対象とする法律は多数存在するが（**1**(4)〔7頁〕），企業の組織と取引に適用されるルール，つまり商事に関して適用されるルールはそれよりもはるかに多く存在する。すなわち，

実質的意義における商法が存在しない場合には，取引および取引主体に関する一般規定として，民法や民事に関するその他の法律が適用されることになるし，法律（制定法）以外にも，条約であるとか，法律の規定に基づいて企業が定める各種の規則，さらには一定の商取引に従事する者の間で当然に守られるべきであると考えられている慣行（商慣習法および民事慣習法）などもまた，商事に関して適用されるルールとなる。

　社会に存在する無数のルールのうち，その通用力に照らして裁判の判決理由とすることができるもの，いいかえれば，裁判を通じて履行を強制させることができるものを法源という。商事に関する法源を，その適用の優先順に並べると，①商事自治法，②商事条約（憲98条2項），③商事特別法，④商法，⑤商慣習法（商1条2項），⑥民事特別法，⑦民法，⑧民事慣習法（法適用通則法3条。ただし民92条）となる。それぞれの詳細は以下の通りである。

(2)　商事自治法

　商事自治法とは，制定法および条約を除いた商事に関するルールのうち，ある団体の組織および運営を規律することを目的として定められ，制定法に近い形式と拘束力を備えているものをいう。会社の定款，株式会社の取締役会規則，金融商品取引所の業務規程などが挙げられ，そのいくつかは制定法で作成が義務づけられているほか（会社26条1項・575条1項，金商117条1項等），内容および変更方法も制定法の規制に服している。商事自治法は，団体の自治のための基本規則として定められたものであることから，制定法および条約の強行規定に違反しない限り，当該団体およびその構成員に対する効力を有する。なお，定款違反を理由に会社の取引が無効とされた場合など，商事自治法が結果的に第三者にも効力を及ぼす場合がある。

(3)　商 事 条 約

　商事条約自体が法源になっている例として，「船舶衝突ニ付テノ規定ノ統一ニ関スル条約」（大正3年条約1号），「国際航空運送についてのある規則の統

一に関する条約」（ワルソー条約。昭和28年条約17号・昭和42年条約11号・平成12年条約6号）などがある。なお，商事条約は，批准後に国内法化されれば商事特別法としての地位を有する（手形法，小切手法，国際海上物品運送法など）。

(4) 商事特別法および民事特別法

商事特別法には，①商法で規定されている事項の詳細を定めた法律（商法施行法，商法施行規則，商業登記法など）と，②商事に関する事項で商法に規定されていないものを定めた法律（会社法，保険法，国際海上物品運送法など）がある。

民事特別法も同様に，③民法で規定されている事項の詳細を定めた法律（民法施行法，不動産登記法など）と，④民事に関する事項で民法に規定されていないものを定めた法律（利息制限法，動産及び債権の譲渡の対抗要件に関する民法の特例等に関する法律など）がある。

(5) 商慣習法および民事慣習法

一定の範囲または階層に属する人々の間で行われている慣行が定着し，それに従うことが事実上の義務であるといえるほどになると，当該慣行は慣習法と呼ばれ，当事者が主張していなくても裁判所が適用することができる法源（裁判所がそれを知るときには職権で適用しなければならない法源）としての地位を獲得する。慣習法は，法の適用に関する通則法（法適用通則法）3条にいう「慣習」と同じものである。これに対し，慣習法ほどの義務意識は形成されていないが，反対の意思表示が行われていない限り通用する慣習のことを，事実たる慣習という。事実たる慣習は，民法92条にいう「慣習」と同じものである。

商法1条2項が定める商慣習とは，慣習法としての地位を有するものであるので，概念の違いをはっきりさせるため，ここでは商慣習法と表記する。法適用通則法3条にいう慣習も同様に慣習法と表記し，商慣習法と対比する際にはこれを民事慣習法と総称する。

法適用通則法3条は，慣習法が制定法の規定に優先することはないとの原則を定めている。そして商法1条2項は，法適用通則法3条の特則として商慣習法が民法に優先すること，および，商法に規定がない場合に限り商慣習法が適用されることを定めている。それゆえ，条文上は商慣習法を商法の任意規定に優先して適用する余地はないことになる。しかし有力説は，事実たる慣習であっても，民法92条により，当事者の反対の意思表示がない限りは民法の任意規定に優先する扱いを受けるという点に着目して，（当事者の意思の内容は問題とならず，それに従うことが当然に期待されている）慣習法は，法適用通則法3条（商慣習法の場合は，加えて商法1条2項）にかかわらず，制定法の任意規定に優先すると解している。よって，通説によれば上の (1) の適用順序になるところ，有力説に従えば，商慣習法（⑤）は商法の任意規定（④）に，民事慣習法（⑧）は民法の任意規定（⑦）にそれぞれ優先することとなる。

さらに，判例の中には，商法の強行規定に抵触する商慣習法の効力を認めたと解釈し得るものも存在する（大判昭19・2・29民集23巻90頁，最判昭35・4・22民集14巻6号984頁）。このことからもわかるように，商法理論においては，時代に適合しなくなった制定法規定を企業実務が経済的合理性の点から実質的に修正していくことについて，肯定的な見解が多い。

■第2章■
商　人

1　商人の2分類（固有の商人と擬制商人）

　商法における商人とは，自己の名をもって商行為をすることを業とする者のことである（商4条1項）。これを固有の商人という。そして，商行為を業としない者であっても，自己の名をもって，店舗設備を利用した物品販売を業とする者および鉱業を営む者は，商人であるとみなされる（商4条2項。鉱業4条）。これを擬制商人という。

　擬制商人は，一定の設備により取引をしていればそれだけで商人資格を認めるという，商人法主義の考え方に基づいており，固有の商人よりも柔軟性に富んだ定義であるといえる。しかし，販売業と鉱業に業種が限定されているため，擬制商人の定義を通じて商人の地位を認められるものは，商人全体のごくわずかな割合を占めるに過ぎないと考えられる。

2　固有の商人の成立要件（商4条1項）

(1)　「自己の名をもって」の意義

　「自己の名をもって」とは，自らが権利義務の帰属主体になることを意味する。行為の際に表示される名称が何であるかは，ここでは問われない。他人の名義を使用して取引をする者も，取引により生じる権利義務がこの者に帰属する限り，「自己の名をもって」の要件を満たすこととなる。なお，取引にあたり他の商人の商号が使用された場合，当該商号の使用を許諾した商人も

また，取引をした者と並んで責任を問われる可能性がある（商14条。**第5章3**〔44頁〕参照）。

　また，行為を実際にする者が誰であるかということは，商人の地位の認定にあたり問題とはならない。すなわち，商人となるべき者に行為の権利義務が帰属する限り，本人ではなく，使用人や代理人などの他人に当該行為をさせても構わないということである。

(2)　「商行為」の意義

　商法4条1項にいう「商行為」は，商法で定められているものと，商法以外の特別法で定められているものとに分けられる。

　まず，商法上の商行為として，商法501条各号所定の絶対的商行為と，商法502条各号所定の営業的商行為，そして商法503条1項所定の附属的商行為の3つがある（**第3章**〔25頁〕参照）。商法上の商行為のうち，商人の成立要件として必要となるのは絶対的商行為および営業的商行為であり，両者を合わせて基本的商行為という。

　そして，商人が営業のためにする行為は，その内容が基本的商行為に該当していなくても商行為となる（商503条1項）。これが附属的商行為である（**第3章3**〔29頁〕参照）。つまり，商法上の商行為には，基本的商行為から商人（固有の商人）の地位が導かれ，商人の地位から附属的商行為が導かれるという関係がある。

　特別法上の商行為として，①会社，特定目的会社，および投資法人が事業としてする行為または事業のためにする行為（会社5条，資産の流動化に関する法律14条1項，投資信託及び投資法人に関する法律63条の2第1項）と，②有限責任事業組合の組合員が組合の業務として行う行為（有限責任事業組合契約に関する法律10条）がある。このうち①の商行為は，会社等の営利法人が，基本的商行為を業としていなくても商法上の商人になることを可能にするという点で，きわめて重要な役割を果たしている（**3(4)**〔18頁〕参照）。

　以上をまとめると，固有の商人の地位を成立させる上で必要な商行為とは，基本的商行為および特別法上の商行為であるということになる。

なお，会社などの営利法人については，上記①の各条文で「その事業とし
てする行為及びその事業のためにする行為は，商行為とする」と規定されて
いる。つまり会社などの営利法人の商行為について，基本的商行為および附
属的商行為という商法上の区分は行われず，すべてが特別法上の商行為に分
類される。

　擬制商人（商4条2項）の場合，附属的商行為の規定（商502条1項）に基づ
いて，営業のためにする行為（付随する行為）は商行為となる。しかし，営業
としてする行為（目的である行為）は基本的商行為にはあたらない。そこで，
擬制商人については，営業としてする行為に附属的商行為（商503条1項）の
規定を類推適用し，これも商行為として扱うべきであるとする見解が有力に
主張されている。

(3) 「業とする」の意義

　「業とする」とは，営業とすること，具体的には，①営利の目的で，②同種
の行為を反復・継続的に，そして計画的に行うことを意味する。

　まず，①にいう営利の目的とは，利潤を獲得しようとする意図（費用を超え
る収益を得ようとする意図）のことである。ただし最近の有力説は，営業活動
の継続を可能にする程度の財務基盤が維持されていればよいとの観点から，
利潤獲得まで求めず，収支適合（費用に相当する収益を得ること）であっても足
りると解している。

　商人の成立には営利の目的があればよいのであり，それが実現されたかど
うかは一切問われない。さらに，獲得した利潤の使途も問われない。たとえ
ば，学校法人や社会福祉法人がその目的である公益事業の資金源とするため
に収益事業を営む場合（私立学校法26条，社会福祉法16条1項等参照），収益事
業を行う範囲内において各法人は商法上の商人となる（ただし一部の行為につ
いては，商法ではなく当該法人の根拠法の規制に服する）。

　上の②についても，同種行為の反復・継続的かつ計画的な実施は，そうす
る意図をもって一定の行為（開業準備行為）に着手すればすでに果たされてい
るのであり，基本的商行為に属する行為の蓄積を待って初めて商人が成立す

るということはない（**5**(2)〔21頁〕参照）。また，反復・継続の要件は，常設の拠点で長期間にわたり取引をすることまで求めるものではなく，巡業や季節営業，期日営業であってもよい。

3 商人になることができる者（商人資格）

　固有の商人の定義に照らすと，商人になることができるのは，①商行為にあたる行為について権利義務を有することができ，かつ，②それを業とすることができる者であるということになる。擬制商人の場合も，①の要件が若干変更される点を除けばほぼ同様である。

(1) 自 然 人

　まず，上記①の権利義務能力についていえば，無制限の権利義務能力を有するところの自然人（民3条1項）は，この要件を当然に満たす。②の「業とする」の要件についても，そうする意思があれば足り，実際の取引は他人に行わせてもよいことから，自然人が商人となることについて法的な制約はない。

(2) 制限能力者

　意思能力を全部または一部欠いている者（制限能力者）については，この者も自然人であるから商人になることはできるにしても，その行為が無効とされ（民3条の2），または取り消すことができるため（民5条2項・9条・13条4項・17条4項），商人として行った取引の効力が不安定であるという問題がある。

　この点に関して商法は，制限能力者（未成年者・成年被後見人・被保佐人・被補助人）のうち，①未成年者が，法定代理人（親権者または未成年後見人）の許可を得ることにより，成年者と同一の行為能力を有するものとして営業を行

う場合（民6条1項・864条）と，②被後見人（未成年者および成年被後見人）のために法定代理人（親権者・未成年者後見人・成年後見人）が営業を行う場合（民824条・859条1項）に，その旨の登記をしなければならないものとしている（商5条・6条1項）。この登記の有無により，未成年者および成年被後見人が商人として行う取引の相手方は，当該取引が取り消されるおそれがあるか否かを事前に確認することができる。なお，登記および法定代理人の許可または同意がなくても，未成年者および成年被後見人が商人になって営業行為をすることは禁じられていない点に注意が必要である。

被保佐人および被補助人には，保佐人または補助人が営業を許可するという制度はない（これは成年被後見人についても同じである）。また，保佐人および補助人は法定代理人ではないので，被保佐人または被補助人に代わって営業をすることはできない。それゆえ本人が自ら営業をしなければならないこととなり，必要な同意またはこれに代わる許可を得ないでした行為は，いずれも取り消すことができる（民13条4項・17条4項）。

(3) 法人（公法人および特殊法人）

法人は，①公法上の法人である公法人（国および地方公共団体），②私法上の法人である私法人（会社，一般社団法人・一般財団法人など），そして③特別法に基づき設立され，国家の監督に服しつつ独立採算で事業を行う特殊法人の3種類に分けられる。

このうち，①の公法人は，その目的が特定されておらず，営利事業をすることは目的から排除されていないので，商人となる資格を有している。実際に，地方公共団体が鉄道事業，バス事業などの運送業を営んでいる例を挙げることができる。法令に別段の定めがない限り，公法人の商行為には商法が適用される（商2条）。ただし，その組織または設備については，性質上，または特別法の規定があるため商法が適用されないことが多い（商業登記，商号，商業帳簿，および商業使用人に関する規定）。

そして②の特殊法人も，独立採算という広い意味での営利の目的を有していることから，商行為にあたる行為をすることができる限りにおいて，商人

資格を有しているといえる。

(4) 法人（私法人のうち営利法人）

　私法人は，その有する目的に応じて営利法人と非営利法人に分けることができる。営利法人とは，当該法人の構成員の経済的利益の実現（営利）を目的とするものである。非営利法人は，営利法人以外の私法人のことである。

　営利法人が目的とする「営利」とは，当該法人がその構成員に対して，当該法人が獲得した利潤を分配することを意味する。したがって，営利法人は必然的に社団となり，財団の形では存在しない。営利法人が構成員に利潤を分配するためには，まず当該法人自身が利潤を獲得しなければならないから，営利法人は，「業とする」の要件を本来的に満たしており，商人となる資格を有する。

　しかし，ある営利法人が，基本的商行為にあたる行為，または店舗設備による物品販売もしくは鉱業を営むものでない場合，そのままでは商人になることができず，商法の適用を受けられないおそれがある。そこで，営利法人の根拠法令においては，当該法人が事業としてする行為および事業のためにする行為をすべて商行為とする規定が設けられている（会社5条，資産の流動化に関する法律14条1項，投資信託及び投資法人に関する法律63条の2第1項）。こうすることで，会社法上の会社（最判平20・2・22民集62巻2号576頁），特定目的会社，および投資法人が，基本的商行為を業とするか否かにかかわらず，商法4条1項の商人の要件を充足することができるようになっている。

(5) 法人（私法人のうち非営利法人）

　非営利法人は，経済的利益に属しない利益の追求を目的とするものであり，不特定多数の者の非経済的利益を図ろうとする法人（公益を目的とする法人）と，特定の者すなわち構成員の非経済的利益を図ろうとする法人（中性的法人）に大別される。

　公益を目的とする法人として，「公益社団法人及び公益財団法人の認定等

に関する法律」に基づく公益法人と，特定非営利活動促進法に基づく特定非営利活動法人（NPO法人ともいう）がある。両者はともに，一定の公益目的があることの認定を行政庁から受ける必要があるが，特定非営利法人の方が公益法人よりも公益性の認定条件が緩やかであり，設立が比較的容易である。いずれの法人も，本来の目的事業を財政的に支援するために収益事業を行うことが許容されており（公益法人認定法5条7号，特定非営利活動促進法5条1項），商人となる資格を有している。

　中性的法人には，特定の事業を行うために特別法に基づいて設立されるもの（特別法上の中性的法人）と，営利法人以外の法人一般について定められた法律（一般社団法人及び一般財団法人に関する法律）に基づく一般法人（一般社団法人および一般財団法人）がある。

　後者の一般法人は，剰余金の分配が禁じられていることを除けば（一般法人11条2項・35条3項・153条3項2号），収益事業を目的とすることもできるので，商人となる資格を有している。

　しかし，特別法上の中性的法人のうち，農業協同組合，信用協同組合，および信用金庫について判例は，これらの法人が，根拠法の規定上，構成員の相互扶助を目的としており，営利を目的とするものではないから，商人になる資格はないと解している（最判昭37・7・6民集16巻7号1469頁〔農業協同組合〕，最判昭48・10・5判時726号92頁〔信用協同組合〕，最判昭63・10・18民集42巻8号575頁〔信用金庫〕，最判平18・6・23判時1943号146頁〔信用協同組合〕）。なお，商法および会社法は，行為主体における営利目的の有無にかかわらず，団体の組織の確立と当該団体の取引の円滑に役立つ規定を多く含むものであるから，農業協同組合法や中小企業等協同組合等の根拠法令においては，商法および会社法の規定がしばしば準用されている。それゆえ，商人資格を有しないために中性的法人の目的がかえって果たされなくなるという事態は，ある程度回避されている。

4　自由業者の商人資格

医師，弁護士，公認会計士，税理士，芸術家，著述家など，独立して専門的な知識・能力を提供したり特別の才能を発揮したりすることを職業とする者は自由業者と総称される。自由業者が業としてする行為は，基本的商行為にあたらないものが多いが，たとえ基本的商行為に形式的に該当するときであっても基本的商行為とはならず，この者が商人となることはないと伝統的に解されている。これは，自由業に属する職業が営利目的を離れて行われるべきものであるという，倫理観が背景にあるものと考えられる。

ただし，自由業者の本来の役務提供または創作活動から離れて行われる活動については，それが基本的商行為に該当するときには商人の地位を導くものと考えられる。たとえば，漫画家が自己の著作物を出版することを業とすることなどである。ちなみに，病院を運営する社会福祉法人が患者を入院宿泊させることに関し，下級審裁判例（大阪地判昭59・7・18労判451号68頁）は，そのような入院宿泊もまた医療行為と密接な関係を持つものであり，患者の宿泊を主な目的とするものではないとして，商人の地位は成立しないと解している。なお，自由業者に特有の役務提供や創作活動が会社の事業として行われる場合，その役務提供・創作活動が会社の商行為となり（会社5条），当該会社が商人となることはいうまでもない（制作・芸能プロダクションなど）。

5　商人資格の取得と喪失

(1)　問題の所在

会社に代表されるところの営利法人は，自己の名をもって商行為（会社5条等）を業とすることを目的として設立されるものであるから，設立のときから商人であり，その存立中は商人としての地位を常に保ち，事業活動を完全に終了したとき（清算結了時）に商人としての地位を失う。したがって，存立

中の営利法人，および当該営利法人のすべての行為は，基本的に商法の適用対象となる。

しかし，営利法人以外の法人および自然人の場合は，本来の活動または生活の局面と，商人としての活動局面とが区別され，後者の局面に限定して商法が適用されることとなる。ここにおいて，商人の地位の成立は，「業とする」（商4条1項）の要件がいつの時点で充足されたのかという事実に基本的にかかっているといえる。

(2) 開業準備行為

「業とする」の中核的要素である営利の目的は，行為者の内心において備わっていればよく，それを外部に表示することは求められていない。また，営利法人以外の者が商人となるには，原則として，基本的商行為を業とすることが必要となるが，まだ実際に基本的商行為をしていなくても，基本的商行為にあたる行為を業としてするという意思に基づいて，何らかの行為に着手していれば，「業とする」の要件が満たされ，商人の地位が成立する。

たとえば，運送業をこれから始めようとする者が，運送に必要な設備や燃料を調達したり，従業員を雇用したりする行為は，いずれも運送の引受け（商法502条4号所定の「運送に関する行為」）にはあたらないし，何らかの基本的商行為にも該当しないが，これらの行為をした時点で，行為者は商人となる。そして，燃料の購入や従業員の雇用にかかる契約その他の開業準備行為（業とする行為を始められるようにするための行為）は，商人がその営業のためにする行為すなわち附属的商行為（商503条1項）にあたり，商法の適用を受ける。

(3) 商人資格の取得時期をめぐる議論

このように，商人の地位は開業準備行為をもって成立することになる。開業準備行為には，基本的商行為に属しない行為が含まれているので，当該行為の相手方にとって，行為者が商人として取引をしているのかどうかが判然としないことがある。とりわけ，相手方が商人でないとき，この相手方は自

身の行為が商法の適用対象となること（商3条1項参照）に気づいていないかもしれない。それゆえ，当事者の利害調整の観点から，いかなる状況下で商人の地位が認定されるのかについて，事前に客観的な判断基準を提供することが望ましいといえる。

判例は，開業準備行為の認定に関し，行為者の内心において「業とする」意志（営業意思）があれば，その行為は開業準備行為であって，商人の商行為であると解する（最判昭33・6・19民集12巻10号1575頁）。それとともに判例は，ある行為が開業準備行為にあたることを相手方が知悉していればそれが開業準備行為であると認めることができるが，当該行為が相手方および第三者から見て客観的に開業準備行為にあたるとはいえないときは，行為者の主観のみをもって当該行為を開業準備行為であると認めることはできないとしている（最判昭47・2・24民集26巻1号172頁。本件で最高裁は，金銭の借入れについて，特段の事情がない限り外形的に当該行為の目的を知ることができないから，行為者の主観的目的のみをもって開業準備行為であるとすることはできないとしつつ，相手方は開業準備資金の調達目的であることを知悉していたとして，商法を適用した）。多数説もこの判例を支持している。

学説は，古いものから順に，①営業意思を外部に表明することが必要であるとする説（表白説），②行為者の主観において営業意思があれば足りるとする説（営業意思主観的実現説），③客観的に営業意思が認識される必要があるとする説（営業意思客観的認識可能説），④行為自体の性質から客観的に営業意思が認識される必要があるとする説（行為自体の性質による営業意思客観的認識可能説），⑤主観的に営業意思が実現されていれば足りるとしつつ，営業意思が相手方に認識されていないときは，開業準備行為であることを行為者は対抗することができず（相手方から営業意志があることを主張することは差し支えない），営業意思があることが行為から一般的に認識可能であるときは，開業準備行為であることを行為者が対抗することができるとする説（段階説）が提唱されてきた。判例の立場は，上の②説に④説を加味したものであるといえる。

近時の有力説は，事実の対抗という観点から上記⑤の段階説を整理して，(ア)営業意思が主観的に実現されているとき，相手方の側から開業準備行為であることを主張することができ，(イ)営業意思が相手方に認識され，または認

識可能であるときは、行為者もまた開業準備行為であることを主張することができ、(ウ)行為者が商人であることが一般的に認識可能となったときには、行為者の行為は附属的商行為であると推定されるとする見解（3段階説）をとっている。

なお、上で紹介された判例および学説は、実質的には、開業準備行為の成立要件ではなく、開業準備行為の対抗要件に関連したものであることに留意する必要がある。

6　小商人および会社に対する商法の適用除外

商人のうち、零細規模の者には、費用負担を生じさせることとなる商法規定の適用が免除されている。すなわち、貸借対照表上の営業用財産の価額が50万円以下の商人（法人であるものを除く）は、小商人であると定義され、商法第1編総則の商業登記に関する規定（商5条・6条・8条〜10条・11条2項・15条2項・17条2項前段・22条）および商業帳簿（商19条）に関する規定が適用されない（商7条、商法施行規則2条1号かっこ書・3条）。

これらの商業登記に関する規定は、効力その他一般原則にかかる規定と、商業登記による公示が義務づけられ、または公示することができる事項にかかる規定からなる。つまり、小商人は、商業帳簿の作成義務や一定の商業登記事項にかかる登記義務などが免除される一方で、登記制度を利用した公示をすることが許されないということである。

会社法上の会社は商人にあたるので（3(3)〔17頁〕参照）、会社およびその行為は商法の適用対象である。しかし、商法第1編総則の第4章から第7章までの規定（商11条〜31条）の適用において、会社および外国会社（会社2条2号）は商人として扱われない（商11条1項かっこ書）。つまり、商法11条から31条までの規定は、会社および外国会社には適用されない。これは、不適用となる商法規定と同趣旨の条文が、すでに会社法第1編総則に整備されているので、そちらの条文を適用するという技術的な理由に基づくものである。このほか、商人資格を有する法人の会計帳簿については、商法施行規則では

なく当該法人の根拠法が適用される（商法施行規則 2 条 1 号かっこ書，会社 432 条〔株式会社〕・615 条〔持分会社〕・会社計算規則，一般法人 120 条〔一般社団法人〕・一般社団法人及び一般財団法人に関する法律施行規則等）。

■ 第 3 章 ■

商行為（商 501 ～ 503 条）

　商行為は，商法上の３種の商行為（絶対的商行為，営業的商行為，附属的商行為）と特別法上の商行為に分けられる。これらの商行為が商人の成立要件としてもつ意味は，**第２章2⑵**〔14 頁〕で触れられている。ここでは，商法上の３種の商行為の具体的内容を見ていくこととする。

1　絶対的商行為（商 501 条各号）

　絶対的商行為は，①投機購買およびその実行売却（商 501 条１号），②投機売却およびその実行購買（同条２号），③取引所においてする取引（同条３号），④手形その他商業証券に関する行為（同条４号）からなる。

　上の①は，利益を得る目的で動産・不動産・有価証券を有償で取得すること，および取得したこれらのものを譲渡することを目的とする行為であると規定される。利益を得るために商品を安く仕入れる行為および仕入れておいた商品を高く売り付ける行為が当てはまる。なお，取得した動産等を譲渡するに際して，それが取得時の原状を保持していることは求められない（大判昭4・9・28 民集 8 巻 769 頁）。したがって，製造業者が有償で製品の原材料や部品を取得する行為，および完成させた製品を販売するという行為も，この①に含まれる。

　②の行為は，自己が有しない動産または有価証券を売却すること，および履行のためにこれらを有償で取得する行為のことである。①とは逆に，商品をあらかじめ高く売り込んでおいて，それを他所から安く買い付けるという取引を対象としている。①と異なり不動産が含まれないのは，不動産に代替

25

性がなく，売約後の調達が容易ではないことを考慮したものである。

③にいう取引所とは，商品または有価証券を競争売買の方法で取引するための施設のことである。金融商品取引所，商品取引所，有価証券の私設取引システムなどが挙げられる。取引所での取引は，大量かつ定型的に行われ，営利目的を伴うことが通常であるという特徴がある。ただし，そのような取引が自己の計算で行われるときは上の①または②の行為におおむね該当するであろうし，他人の計算で行われるときは，取次ぎの引受け（商502条11号）を業とする商人（取次商）による附属的商行為に当てはまることになるであろう。

④にいう商業証券とは，商業の目的として流通するものに限定されないところの，すべての有価証券（財産的価値のある権利を表章する証券）を指すものと解されている。手形，小切手，株券，社債券，倉荷証券，船荷証券などが挙げられる。そして，商業証券（有価証券）に関する行為とは，当該証券を目的として行われる行為（発行・裏書・引受け・保証・弁済など）をいう。もっとも，手形その他の一定の有価証券について行われる行為は，特別法（手形法，小切手法，会社法等）または商法の個別規定（倉荷証券に関する商法607条等）が適用される。その他の行為については，商法は何の規定も置いていないので，すべて民法の有価証券に関する規定（民520条の2～520条の20）に委ねられる。したがって，商業証券に関する行為を絶対的商行為であると定義して商法の規制対象とすることの意義は，ほとんど失われているというべきである。

絶対的商行為は，条文の形式上，営業として行われていなくても商行為として商法の適用を受ける。しかし，上記①と②の行為は，企業取引に見られる特徴のうちの営利目的しか伴わないものであるため，行為主体が誰であるかを問わず商法を適用することの根拠が薄弱であると有力に批判されている。

2 営業的商行為（商502条各号）

(1) 総 説

　商法502条各号の行為は，「営業とする」ことにより商行為となる。「営業とする」の意味は，商人の成立要件であるところの「業とする」と同じである（**第2章2(3)**〔15頁〕参照）。

　商法502条各号に列挙されている13種の行為は限定列挙されたものであり，法改正によって数を増やす試みは，ほとんど放棄されている。これらに該当しない事業活動（たとえば，債権回収業，通信事業，ライセンシング・ビジネス，データ保管業など）を商法の適用対象とするには，商人の附属的商行為としてするという便法，または会社の事業とする方法により行うほかない。

(2) 個別説明

　「他人のためにする製造又は加工に関する行為」（商502条2号）とは，他人の計算で物品の製造または加工を引き受ける行為のことである。製造または加工という事実行為は含まれない。客が持ち込み，または買入れを指示した生地による仕立業，衣類のクリーニング業などが当てはまる。

　「電気又はガスの供給に関する行為」（商502条3号）とは，電気またはガスの供給を引き受けることであり，「運送に関する行為」（同条4号）も，物品または旅客の運送を引き受けることである。供給または運送という事実行為は含まれない。

　「作業又は労務の請負」（商502条5号）のうち，作業の請負とは，商法502条2号の行為に属しないところの，不動産および船舶における造成・建築・建造・修繕その他の作業または工事を引き受けることであり，労務の請負とは，労働者の供給を引き受けることである。

　「出版，印刷又は撮影に関する行為」（商502条6号）のうち，出版とは，著作物の印刷・複製および頒布を目的として行われる行為であり，出版に関す

る行為には，出版の引受け，印刷・複製の委託，印刷物・複製品の販売など
が含まれる。印刷または撮影に関する行為とは，印刷または撮影を引き受け
る行為をいう。

「客の来集を目的とする場屋における取引」（商502条7号）にいう場屋とは，
来訪者に利用させることを目的として作られた施設のことである。ホテル，
遊園地，飲食店，興業場（劇場，スタジアム，アリーナほか）など様々なものが
ある。そこで行われる取引には，法律上の契約類型（典型契約）に属しないも
のも多い（**第2編第9章 2**(1)〔193頁〕参照）。

「両替その他の銀行取引」（商502条8号）とは，金銭または有価証券の転換
を媒介する行為のことをいう（大判大6・6・15民録23輯984頁）。ここでは，金
銭または有価証券を他人から取得することと他人に給付すること（融資取引
であれば受信と与信）とを両立させることが必要であり，自己資金をもっぱら
貸し付ける行為は含まれないと解されている（最判昭50・6・27判時785号100
頁〔質屋営業者の取引は銀行取引にあたらないと判示〕）。

営業的商行為としての「保険」（商502条9号）とは，営業として行われる
保険契約の引受け，すなわち営利保険のことであり，営利目的を伴わないと
ころの相互保険や共済事業（共済保険）などは含まれない。

「仲立ち又は取次ぎに関する行為」（商502条11号）とは，相手方から仲立
ちまたは取次ぎの委託を引き受ける行為をいう（**第2編第5章**〔143頁以下〕参
照）。まず，「仲立ち」というのは，他人間の法律行為を媒介することである。
他人間の商行為の媒介を業とする商人は，商法上の仲立人（商事仲立人）と定
義され（商543条），商法の特則が適用される（商543条～550条）。そして，商
行為にあたらない行為の媒介を業とする商人は，民事仲立人と呼ばれている。
なお，特定の商人のために，この商人の営業の部類に属する取引の媒介を業
として行う者は，代理商（媒介代理商）であると定義され（商27条かっこ書。ま
た，会社16条かっこ書〔会社の代理商〕），代理商に関する商法の特則が適用され
る（商27条～31条）。次に「取次ぎ」というのは，自己の名をもって他人の計
算で法律行為をすることである。取次ぎの引受けを業とする者を取次商と呼
ぶ。このうち，物品または有価証券の売買の取次ぎを行う者は問屋（商551条。
第2編第6章〔150頁以下〕参照），売買以外の取次ぎを行う者は準問屋（商558

条），そして物品運送の取次ぎを行う者は運送取扱人（商 559 条 1 項。**第 2 編第8 章**〔185 頁以下〕参照）と定義され，商法の特則が適用される（商 551 条〜564条）。

「商行為の代理の引受け」（商 502 条 12 号）を業とする者のうち，特定の商人の営業の部類に属する取引を代理する者のことを代理商（締約代理商）という（商 27 条かっこ書。また，会社 16 条かっこ書〔会社の代理商〕。**第 9 章**〔76 頁以下〕参照）。なお，商行為でない行為の代理の引受け（自家用の動産や不動産の取得または処分の代理を，商人でない者から引き受けることなど）は，商法 502 条12 号の営業的商行為にはあたらない。

(3) 営業的商行為の例外となる行為（商 502 条柱書但書）

商法 502 条各号に該当する行為であっても，それがもっぱら賃金を得る目的で物を製造し，または労務に従事する者による行為であるならば，当該行為は商行為（営業的商行為）とはならない（商 502 条柱書但書）。手内職者による製造・加工や個人タクシー運転手による運送行為がこれにあたる。判例（大判昭 18・7・12 民集 22 巻 539 頁等）によると，商行為にあたらないことの理由は，利用される施設の規模が小さいことに求められているが，営業の態様や業務の投機性などを総合的に勘案し，企業活動として行われているかどうかを基準にして判定すべきであるとの見解が有力に主張されている。

3 附属的商行為（商 503 条）

商人の行為は，基本的商行為に該当しないものであっても，それが営業のためにするものであるときには，商行為となる。これを附属的商行為という（商 503 条 1 項）。商人の営業に必要ではあるが，営利目的がなく，営業としてするものでもない行為も，商行為として商法が適用されるということである。

個人の日常生活上の取引など，商人が営業のためにするものではない行為は，附属的商行為にあたらない。しかし，商人の行為（基本的商行為を除いた

行為)は営業のためにするものであると推定されることから（商503条2項），その行為が営業のためにするものではないこと，つまり附属的商行為にあたらないことの主張立証は，当該商人が行わなければならない。

　会社などの営利法人の行為について，根拠法令は「その事業としてする行為及びその事業のためにする行為は，商行為とする」と規定している（会社5条，資産の流動化に関する法律14条1項，投資信託及び投資法人に関する法律63条の2第1項）。その目的が事業を遂行することにある以上，これらの営利法人が事業を離れて活動をする場面はあり得ないように思われるが，判例は，会社が商人であることを理由に，会社の行為にも商法503条2項が適用されると解している（最判平20・2・22民集62巻2号576頁）。この判例によれば，会社は，その行為が事業としてするものでなく，かつ，事業のためにするものでもないこと，つまり商行為ではないことを主張立証することができるということになる。

■ 第 4 章 ■

商 業 登 記

1 商業登記の意義

(1) 商業登記の意義

　商業登記とは，商人（ここでは，自然人である商人，および会社）に関する事項について，法務局が管理する商業登記簿に行われる登記（公簿上の記録）のことである（図-1 参照）。商業登記簿に登記することができる事項および登記しなければならない事項は，商法，会社法，およびその他の法令（破産法，会社更生法等）で定められており，登記の手続は商業登記法に従う。

　なお，会社以外の法人については，商業登記事項に関連する商法規定の適用が排除されるとともに（一般法人9条，資産の流動化に関する法律14条2項等），根拠法の定めに基づく法人登記が別に行われるため，商人となって活動する場合であっても，商業登記は行われない。

　商業登記簿には，①商号登記簿，②未成年者登記簿，③後見人登記簿，④支配人登記簿，⑤株式会社登記簿，⑥合名会社登記簿，⑦合資会社登記簿，⑧合同会社登記簿，⑨外国会社登記簿の9種類がある（商登6条）。

(2) 商業登記制度の目的・機能

　商業登記制度は，商人の利害関係者にとって重要と考えられる情報を公示することを通じて，商人の実体に対する信用を担保し，商人との間で行われる取引の安全および円滑を図ることを目的としている（商登1条参照）。商業登記制度には，利害関係者の情報収集の便宜を図るだけではなく，商人に対

し，簡便かつ確実な情報伝達の方法を提供するという意義がある。すなわち，商業登記事項は，登記の後は原則としてすべての第三者に対抗することができるものとされており（商9条1項後段，会社908条1項後段。2⑵〔35頁〕参照），不動産登記その他の登記と同様に，登記をすることで，個別の通知などを要することなく，すべての第三者に対して登記事項にかかる事実を主張することができる。

⑶ 登記事項および登記義務

商業登記における登記事項のうち，登記義務があるものを絶対的登記事項，ないものを任意的登記事項という。任意的登記事項として，自然人である商人の商号（商11条2項），営業譲受人および事業譲受会社の免責（商17条2項前段，会社22条2項前段），船舶の賃貸借（商701条）がある。絶対的登記事項はきわめて多数に上り，そのほとんどを会社の登記事項が占めている（会社911条3項等）。

絶対的登記事項，任意的登記事項とも，登記された事項に変更を生じ，または消滅した場合には，遅滞なくその旨の登記をしなければならない（商10条，会社909条）。会社の場合に限り，必要な登記を怠ると過料の制裁がある（会社976条1号）。

⑷ 登 記 申 請

登記は，当事者の申請，官庁（裁判所書記官等）の嘱託，または登記官の職権により行われる（商登14条・72条，会社907条等）。当事者とは，商人に関する事項であれば商人，会社に関する事項のときは会社である。登記の申請は，当事者またはその代表者もしくは代理人が行う（商登17条2項）。ただし，若干の事項については，申請をすべき者が商業登記法で指定されており（商登47条1項・82条1項等），この者またはその代理人が申請をする。

図-1 商業登記簿（株式会社登記簿）の内容証明（例）

履歴事項全部証明書

東京都国立市中二丁目25番1号
株式会社マーキュリー出版

会社法人等番号	0010-01-012345	
商 号	株式会社マーキュリー出版	
本 店	東京都国立市中二丁目25番1号	
公告をする方法	官報に掲載してする	
会社設立の年月日	昭和61年4月1日	
目 的	1 書籍および雑誌の企画，編集，出版ならびに販売 2 前号に付帯する一切の事業	
発行可能株式総数	500株	
発行済株式の総数並びに種類及び数	発行済株式の総数 300株	平成15年10月12日変更
		平成15年10月13日登記
株券を発行する旨の定め	当会社の株式については，株券を発行する	平成17年法律第87号第136条の規定により平成18年4月1日登記
資本金の額	金1000万円	
株式の譲渡制限に関する規定	当会社の株式を譲渡するには，取締役会の承認を受けなければならない。	
役員に関する事項	取締役　　　　　　<u>佐 藤 一 郎</u>	平成29年6月28日重任
		平成29年6月29日登記
	取締役　　　　　　佐 藤 一 郎	令和1年6月26日重任
		令和1年6月27日登記

整理番号　ア123456　　＊　下線のあるものは抹消事項であることを示す。

2 商業登記の効力

(1) 登記前の効力

　登記すべき事項は，それが登記される前においては，善意の第三者に対抗することができない（商9条1項前段，会社908条1項前段）。つまりこのとき，すでに存在している事実を主張することが，善意の第三者に対する関係で制限される。登記後の効力のことを積極的公示力と呼んでいることとの対比で，登記前の効力（正確には状態）のことを消極的公示力という。消極的公示力には，積極的公示力の恩恵を受けさせるために迅速な登記を促すという政策的な意義が込められている。なお，通説は，「登記すべき事項」は絶対的登記事項に限らず，任意的登記事項を含むと解する。

　登記の消極的公示力は，登記事項にかかる法律関係の当事者（支配人の選解任であれば，商人および新旧の支配人）から，当該事項につき善意の第三者に対する，事実に基づく主張を許さないというものである。第三者からこの当事者に対して，または第三者が相互に（最判昭29・10・15民集8巻10号1898頁），事実に基づく主張をすることは妨げられない。

　不動産登記事項が，登記前においてすべての第三者に対抗することができないのに対し（民177条），商業登記事項は，登記前において悪意の第三者に対抗することができる。これは，不動産の物権変動の対抗問題は画一的に処理されるべきであるのに対し，商業登記事項の対抗は取引安全の見地から対応すれば足りると考えられていることによる。

　判例は，登記の消極的公示力を定めた規定が実体法上の関係において適用され，訴訟法上の関係には適用されないと解している（最判昭43・11・1民集22巻12号2402頁）。この判例によれば，会社代表者が変更されたが未登記である場合，旧代表者を会社代表者とする形で第三者が提起した訴訟は，不適法であるということになる。しかし学説においては，訴訟が取引活動の延長として起こされることなどを理由に，消極的公示力が訴訟行為にも及ぶと解する見解が多い。

(2) 登記後の効力

　登記すべき事項は，登記後においては，正当な事由によりその登記を知らなかった第三者に対抗することができない（商9条1項後段，会社908条1項後段）。すなわち，登記後において，登記事項にかかる法律関係の当事者は，悪意の第三者に加えて，登記の不知について正当な事由がない善意の第三者に対しても，登記された事実に基づく主張をすることができる。このことを指して，登記には積極的公示力があるという。

　登記があることを知らなかったことについての「正当な事由」は，客観的事由（通信・交通の途絶など，登記簿に物理的にアクセスすることができない事由）に限られ，主観的事由（個人的理由）は含まれない（最判昭52・12・23判時880号78頁）。したがって登記後は，基本的にすべての第三者に対して登記事項を対抗することができるようになる。

　登記の積極的公示力は，登記内容と異なる外観に信頼した第三者の保護に優先するのかという問題がある。たとえば，支配人や代表取締役が交代し，その旨の登記が行われているが，前任者の権限に信頼してこの者と取引をした第三者がいる場合に，商人または会社は，登記済みであることをもって前任者の無権限を当然に主張することができ，民法・商法・会社法上の表見責任（民112条，商24条，会社13条・354条等）を第三者に対して負う余地はまったくないのかということである。

　判例は，①会社法と民法の適用上の優劣（第1章3〔9頁〕参照）を踏まえ，登記事項である代表取締役の代表権喪失にはもっぱら商業登記の効力に関する会社法の規定が適用され，代理権消滅後の表見代理にかかる民法112条の適用・類推適用の余地はないとする（最判昭49・3・22民集28巻2号368頁）。また判例は，②会社代表者の登記が行われている場合であっても表見代表取締役にかかる会社法354条の適用（本件では類推適用）を認め，会社法の規定同士の関係では，登記の積極的公示力が表見責任に劣後するとの趣旨を明らかにしている（最判昭42・4・28民集21巻3号796頁）。つまり，判例によれば，商業登記の積極的公示力は民法の表見責任規定に優先するが，商法・会社法上の表見責任規定は商業登記の積極的公示力に優先するということである。

外観信頼保護という趣旨を共通にしながら，表見責任に関する民法の条文と商法・会社法の条文とで適用に違いが出ることをめぐり，学説の多くは，判例を支持する見地から，商法・会社法上の表見責任は商業登記の効力の例外であるとの説明を行っている（例外規定説）。これに対して一部の有力説は，積極的公示力と表見責任は排他的関係にはなく，登記事項にかかる法律関係の当事者は積極的公示力を主張することができ，第三者は表見責任を主張することができるのであり，第三者が登記を参照しなかったという事実は，表見責任の要件である第三者の善意無過失を否定する根拠として考慮されるとの立論を行っている（異次元説）。また，多くの学説は，登記事項を対抗されない善意の第三者の要件である「正当な事由」がきわめて狭いという点が，この問題に対する理論的整合性のある考察の妨げになっていると指摘する。ただし，第三者の主観的事由が正当な事由に含まれるとしたならば，積極的公示力の有無または範囲が状況に応じて定まり，登記の当事者に確実な公示手段を与えるという政策目的が果たされないこととなるので，正当化事由を弾力的に捉えるというアプローチには慎重であるべきである。

　登記の積極的公示力に関する伝統的な枠組みを維持しつつ，民法・商法・会社法の区別なく表見責任規定による第三者保護を図っていくことができる理論構成は，次のように考えられる。すなわち，登記をした者が，登記内容に合致しない外観を故意または過失によって形成し，第三者に誤認を生じさせた場合，つまり登記に優先する外観が登記者自身によって形成され，それに第三者が信頼した場合，第三者の視点に立てば，不実の登記（3〔38頁〕参照）が行われているのに類似した状況が発生していることになる。不実の登記事項は，登記をした者から第三者に対してそもそも対抗することができないものであるから，第三者が自己の認識に従った事実の主張をしてきても，登記をした者は登記事項をもってこの主張を排斥することができないことになる。積極的公示力が相対的に失われるという，この理論構成をとることにより，第三者は，登記をした者の表見責任を支障なく追及することができるというわけである。

(3) 特殊の効力

① 創設的効力　商業登記は一般に，すでに成立している事実を公示するために行われるものである。しかし，会社を設立する場合，設立の登記をしなければ会社は成立しない（会社49条・579条）。登記が一定の法律事実の成立要件であるとき，つまり登記に形成力があるとき，この形成力のことを登記の創設的効力という。ただし，会社設立に無効原因があるときに，設立の登記によって無効原因が治癒されることはない。

　会社の設立登記に創設的効力が与えられているのは，設立手続の適正を確保する必要があることのほか，会社の法人格の認証が国家の専権に属することに基づくものである。

　なお，通説は，会社の設立登記に会社法908条1項は適用されず，会社成立の事実は，当然にすべての第三者に対抗することができると解している。

② 商号譲渡の対抗要件　自然人である商人が商号を譲渡したとき，その旨の登記をした後でなければ，商号譲渡の事実をすべての第三者に対抗することができない（商15条2項）。すなわち，登記の消極的公示力が拡張されており，不動産登記（民177条）と同様の対抗要件となっている。これは，自然人である商人の商号は絶対的登記事項ではなく，また，意思表示だけで譲渡をすることができるため，権利の帰属を公示させる必要性が大きいことによる。

③ その他　ある事項について登記が行われると，これに付随して一定の法的効果が発生する。

　具体的には，(ア)株式会社の設立登記に伴う，設立時発行株式引受けにかかる意思表示の取消しの制限（会社51条2項・102条6項），(イ)代表者の登記に伴う，外国会社の継続的取引の解禁（会社818条1項），(ウ)持分会社の社員の責任の変更登記が行われた場合の，登記前に生じた債務にかかる責任負担および登記後一定期間経過後の免責（会社583条2項～4項），(エ)持分会社の社員の退社が登記された場合の，登記前に生じた債務にかかる責任負担および登記後一定期間経過後の免責（会社612条）が挙げられる。

3 不実登記の効力

(1) 総　説

　登記後の積極的公示力は，登記事項が事実として存在し，かつ有効であることを前提とするものである。存在しない事実または無効の事実が登記されたとしても，登記によりそのような事実が成立したり有効になったりすることはない（大判昭17・1・31新聞4760号18頁）。それゆえ，この場合に，登記の当事者（商人または会社）が登記事項を対抗することはできない。なお，登記官は登記申請に対して形式的な審査しか行わないことから（最判昭43・12・24民集22巻13号3334頁），不実の登記が行われる危険性を完全に排除することはできない。

　不実の登記が行われた場合において，仮に，第三者もまた，登記事項ではなく事実（現実）に基づいた主張をしなければならないものと解したならば，登記を参照し，さらに登記事項の真偽まで確認してからでなければ，第三者は安心して取引に入ることができなくなる。これは取引を著しく遅延させることにつながるし，積極的公示力を認める前提でもあるところの，商業登記制度に対する公衆の信頼を大きく損なうものである。

　そこで商法および会社法は，故意または過失によって不実の事項を登記した者は，善意の第三者に対して登記事項が不実のものであることを主張することができないと定めている（商9条2項，会社908条2項）。すなわち，善意の第三者が登記事項に従った主張をしているとき，不実の登記をした者は事実（現実）に基づく主張を封じられることとなり，両者の間においては，登記事項が有効に成立しているのと同じ状態を生じることとなる。このことを指して，商業登記には公信力（真実よりも外観を法的に優先させる力）があるという。ただし，登記をした者および第三者の主観的要件が限定されているため，それは禁反言と同程度のものにとどまる。

　不実の登記とは，その登記事項が事実（現実）と食い違っている登記を意味する。したがって，①虚偽の事実が故意または過失により積極的に登記さ

れた場合だけでなく，②すでに登記されている事項に変更を生じたが，故意または過失により変更登記が行われていない場合も，不実の登記にあたる。ちなみに，この②の場合，変更事実について善意の第三者は，登記の当事者に対し，(ア)不実登記の責任を根拠として，残存する登記（不実の登記事項）に基づく主張をすることができるだけでなく，(イ)登記の消極的公示力を根拠として，変更事実を対抗されることなく，残存する登記その他の外観に基づいた主張をすることができる（最判昭 37・8・28 集民 62 号 273 頁〔退任登記が未了の場合，退任後もなお取締役として積極的に行動した退任取締役は，自己が取締役でないことを主張することができないとされた事例〕）。

なお，不実の登記を行うと，電磁的公正証書原本不実記録罪および同供用罪に問われる（刑 157 条 1 項・158 条 1 項）。

(2) 「不実の事項を登記した者」の意義

不実登記の責任を負うところの，故意または過失により「不実の事項を登記した者」というのは，登記の申請権限を有する者，すなわち登記の当事者（商人および会社）ならびにその代理人および代表者である。申請権限のない者が故意または過失によって不実の登記をした場合，不実登記の責任にかかる規定は適用されない。すなわち，登記にかかる法律関係の当事者に仕立て上げられた者は，行われた登記が不実のものであることをすべての第三者に対抗することができる。不実登記をした無権限者も，この責任規定の適用を受けない。

判例は，故意または過失により「不実の事項を登記した者」が，登記申請権限を有する者に限られることを明らかにする一方，登記申請権者が自ら登記申請をしていないときであっても，不実登記の出現に加功（助力）し，または不実登記の存在を知りつつ是正措置をとることなく放置するなど，不実登記を登記申請権者の申請に基づく登記と同視することができる特段の事情がある場合には，不実登記の責任規定が適用されて，登記申請権者が責任を負うと解している（最判昭 55・9・11 民集 34 巻 5 号 717 頁）。

登記申請権者により不実の登記が積極的に行われた場合（上の(1)①の状況）

において，申請権者以外の者も不実登記の責任を負わされることがある。すなわち判例は，①適法な取締役でない者について取締役就任登記が行われたという事例において，不実の就任登記を行うことに関して当人が承諾を与えたのであれば，同人もまた不実登記の出現に加功したものというべきであり，不実登記責任の規定が類推適用され，その承諾が故意または過失によるものである限り，同人は登記事項が不実であることを善意の第三者に対抗することができないと解している（最判昭 47・6・15 民集 26 巻 5 号 984 頁）。この判例において，登記簿上の存在に過ぎない取締役（名目的取締役）は，自己が取締役でないことを主張することができなくなる結果，第三者との関係では正規の取締役として取り扱われることとなり，第三者に対して取締役が負う損害賠償責任（会社 429 条 1 項）を免れないものとされた。

　これと同様に，登記申請権者が変更登記を怠っているために不実登記が生じている場合（上の(1)②の状況）において，判例は，取締役を辞任した者が登記申請権者（株式会社の代表者）に対し，辞任登記の申請をしないで不実の登記を残存させることについて明示的に承諾を与えていたなどの特段の事情がある場合には，当該辞任者には不実登記責任の規定が類推適用され，同人は善意の第三者に対して自己が取締役ではないことを対抗することができないと解している（最判昭 62・4・16 判時 1248 号 127 頁）。本件でも名目的取締役の対第三者責任が追及されているが，上記の特段の事情にかかる主張立証がないとして，責任は否定された。

(3)　「善意の第三者」の意義

　善意の第三者とは，登記事項と現実との間に食い違いがあることを知らない第三者のことをいう。多数説は，実際に登記を参照してそれに信頼したことまでは要求されないと解している。しかし，多数説に従った場合，第三者が登記を参照しないまま取引に入り，トラブルが生じた後に登記が不実のものであることを初めて発見したときにも，不実登記の責任を追及させてよいのかという疑問を生じる。この点をめぐっては，不実登記の責任を追及されている者が，取引後における第三者の登記参照の事実を主張立証したならば，

この第三者は善意の第三者にあたらないとする見解がある一方，正しい登記を促す圧力になるとして，この第三者の保護を許容する見解もある。登記には積極的公示力があるため，一般に第三者は，登記事項を継続的に確認し，追跡する動機を欠いており，実際に参照することがないまま，登記が行われている限りそれは真実の登記であるとの信頼を常に抱いているものと考えられる（東京地判昭31・9・10下民集7巻9号2445頁参照）。保護要件としての第三者の善意はその程度のもので十分であり，取引後に不実登記を知った者の保護を否定する必要はないように思われる。

■ 第 5 章 ■
商　号

1　商号の意義・機能

　商号とは，商人が営業において自己を表示するために使用する名称のこと
である。

　商号は，形式的には，営業主体である商人を識別するための，文字によっ
て表記することができる記号（マーク）であるに過ぎない。しかし，商号は，
継続して使用されることにより，①この間に蓄積された商人の信用や名声を
人々に想起させる手がかりとなり，やがては，②商人の営業それ自体を，営
業にまつわる様々なイメージとともに，人々に認識させる象徴（シンボル）と
しての意味もまた有するようになる。商号が，商人の使用する名称であるに
とどまらず，商人またはその営業に対して一般公衆が寄せる信用や印象のよ
りどころになるという経済的機能に着目して，商法は，主として①の観点を
踏まえた限定的な規制を商号について行い，不正競争防止法は，②の観点に
基づき，商号を含む商品等表示に対する包括的な規制（他人の営業と混同させ
る行為の抑止および是正。不正競争2条1号・3条〜5条等）を行っている。

　自然人である商人は，自己の氏，氏名その他の名称をもって商号とするこ
とができる（商11条1項）。つまり，自然人である商人は，自己の氏または氏
名ではない名称を商号とすることができるし，営業において自己を表示する
ために自己の氏または氏名を使用すれば，その氏または氏名は商号であって
商法の適用を受けるということである。なお，自然人である商人が複数の営
業に従事しているとき，営業ごとに異なる商号を使用することができるが，
同一営業につき同一支店において複数の商号を使用することはできない（大
決大13・6・13民集3巻280頁）。1個の営業には1個の商号のみ使用すること

ができるという原則を，商号単一の原則という。

　営利法人は営利事業を行うことを目的として設立されたものであり，商法上の商人である。したがって，営利法人の名称は商号にほかならない（会社6条1項，資産の流動化に関する法律15条1項，投資信託及び投資法人に関する法律64条1項）。これに対して非営利法人の場合，当該法人の名称以外の名称をもって商号とすることができるかどうかが問題となる。営利法人も非営利法人も，当該法人の目的実現のために全体として1個の事業を営むものであり，商号単一の原則と同じく，1個の事業において使用することができる名称は1個に限られると考えられることから，営利法人，非営利法人とも，その商号または名称以外の商号を使用することはできない（商11条かっこ書，一般法人9条等〔商法11条の適用除外〕）。

2　商号使用に関する商法上の制限（類似商号規制）

　いかなる者も，他の商人であると誤認されるおそれのある名称または商号を，不正の目的で使用することはできない（商12条1項）。不正使用者による名称・商号の使用に対し，営業上の利益を侵害され，または侵害されるおそれのある商人は，当該名称・商号の使用の差止めを請求することができる（商12条2項）。そのような商号が登記されているとき，この商人は，使用禁止の目的を達するために登記の抹消を請求することができる（最判昭36・9・29民集15巻8号2256頁）。また，この商人は被った損害の賠償を請求することができる（民709条）。なお，同様の侵害行為については，不正競争防止法上の救済手段も利用可能である（不正競争3条～5条）。

　使用差止めの要件であるところの，営業上の利益が侵害されることとは，裁判例においては「名誉・信用・経済的利益を害する危険を生ぜしめていること」（大阪地判昭53・8・29判タ378号153頁）といったように抽象的に解されている。

　会社の商号の不正使用の禁止および差止めについては，商法12条と同趣旨の規定が置かれている（会社8条）。この場合，不正使用者には過料の制裁

がある（会社978条3号）。

　誤認されるおそれのある名称または商号とは，商人でない不正使用者が自己を表示するために使用する名称と，商人である不正使用者が自己を表示するために使用する商号をそれぞれ意味する。それが他の商人であるとの誤認を生じさせるものであるかどうかの判定は，実質的観点から行われる。判例は，他の商人の商号と同一の商号が用いられている場合だけでなく，主要部分が一致する商号の場合にも誤認可能性を認めている（大判大9・5・24民録26輯753頁，最判昭40・3・18判タ175号115頁）。

　不正の目的とは，通説によれば，誤認混同を生じさせる意図があることをいうと解されている。これに対して判例は，誤認混同を生じさせる意図に限らず，何らかの不当な利益を収める意図があれば，不正の目的があるものと広く解している（最判昭36・9・29民集15巻8号2256頁，知財高判平19・6・13判時2036号117頁）。通説の見方によれば，類似商号規制の適用は，不正使用者の営業または取引と，商人の営業との共通性が前提になるものと思われるが，判例に従うときには，両者の業種の違いは適用にあたり問題にならないものといえる。

　商号として使用することができる名称に制限がないことを，商号自由の原則という。商法では，類似商号規制に抵触しない限りで商号自由の原則が採用されており（商11条1項・12条1項），商号が商人の実体を正しく反映していることを要求する商号真実主義は採用されていない。ちなみに，会社法その他の特別法では，会社または一定の事業主体に対する社会的信用の維持のため，商号真実主義に基づく規定がいくつか設けられている（会社6条2項・7条，金商31条の3，銀行6条等）。

3　名板貸責任

⑴　趣　旨

　商法上の類似商号規制は，ある商人の商号を他人が不正に使用するという

場面において適用される。これに対して，ある商人の信用や名声を利用して顧客を誘引したいと考えている他人の求めに応じ，当該商人が自己の商号の使用を当該他人に許諾することがある。商人が他人に商号を貸与することを名板貸といい，商号の貸与者を名板貸人，借用者を名板借人と呼ぶ。

名板貸に関して商法は，名板貸人に一定の責任を負わせることで，営業主体を誤認した第三者の保護を図っている。すなわち，自己の商号を使用して営業または事業をすることを他人（名板借人）に許諾した商人（名板貸人）は，名板貸人が営業または事業の主体であると誤認して名板借人と取引をした者（第三者）に対し，名板借人と連帯して，当該取引により生じた債務を弁済する責任を負う（商14条）。名板貸人の責任は，商号の使用許諾という名板貸人の帰責事由と，誤認可能性のある外観およびこれに起因する第三者の誤認を要件とするものであり，権利外観法理および禁反言の法理に基づくものである。なお，名板貸において，名板貸人は名板借人から商号使用の対価に相当する経済的利益を受ける関係にあるのが通常であると考えられるが，これは名板貸責任の成立要件ではない。会社を名板貸人とする名板貸の場合には，会社法9条が適用される。

(2) 商号の使用許諾（名板貸人の帰責事由）

商号の使用許諾は，明示・黙示の別を問わないし，どのような方法で行われてもよい（最判昭30・9・9民集9巻10号247頁）。黙示の許諾の認定に関して通説は，他人による商号使用の事実を商人が知り，これを放置しているだけでは足りず，使用を差し止めることなく放置することが社会通念上妥当ではないと判断されるときに，黙示の許諾があったものと解している。具体的には，商号使用者への店舗設備等の貸与，廃業の事実の不告知など，商人において第三者の誤認を助長するような作為・不作為があった場合が考えられる（最判昭43・6・13民集22巻6号1171頁，最判昭42・2・9判時483号60頁）。

名板貸人が使用を許諾し，名板借人が営業または事業において使用した名称または商号は，営業主体にかかる第三者の誤認を生じさせるものであれば十分であり，名板貸人の商号と完全に一致している必要はない。名板貸人の

商号の略称でもよいし，たとえば「甲商事」に対して「甲商事乙営業所」とか「甲商事食品事業部」などの付加語を伴った名称でもよい。

　商号の使用許諾に際し，使用することができる営業の範囲などについて名板貸人が制限を課していたところ，その制限に違反して，許諾外の営業において名板借人が許諾商号を使用した場合，名板貸人は責任を負うかという問題がある。この点をめぐって学説は，①許諾がない以上は責任を負わないとする見解，②名板貸人は許諾の際に第三者の誤認を予見すべきであり，許諾違反の商号使用であっても，その許諾に一般的・客観的に含まれる範囲の使用である限りは誤認の予見可能性が認められるから，責任を負うとする見解，および③使用制限にかかる合意はあくまでも名板貸当事者の内部的事情に過ぎず，誤認をした第三者に対抗することができないとして責任を負うとする見解が提唱されており，②が比較的有力である。ちなみに判例は，許諾外の営業における名板借人の商号使用につき，名板貸人の責任を否定している（最判昭 36・12・5 民集 15 巻 11 号 2652 頁）。

(3)　誤認可能性のある外観および第三者の誤認

　①　**異種営業の場合**　　名板貸人の商号を名板借人が営業において使用したという事実のみをもって，第三者における営業主体の誤認を裏付ける事実とすることができるかどうかをめぐっては，議論がある。

　判例によれば，名板貸責任の認定において，名板借人の営業と名板貸人の営業が同種であることが必要であり，異種営業の場合には，特段の事情がない限り名板貸責任は成立しないと解されている（最判昭 43・6・13 民集 22 巻 6 号 1171 頁）。これに対して多数説は，営業の同種性は第三者の誤認を導く相対的要素の一つであるにとどまり，名板貸責任の要件にはあたらないとして，判例の立場に反対する。そして多数説は，異種営業であることは，許諾の範囲，および第三者の誤認における過失または重過失を判断する際に考慮されるべき要素であると解している。

　②　**誤認における第三者の過失**　　名板借人と取引をした第三者が，営業の主体は名板借人であるということを知っていたならば，名板貸責任は生

じない（名板貸の事実を知っているときと，名板貸の事実は知らないが，何らかの理由で本当の営業主体を知っているときが考えられる）。第三者が営業主体を名板貸人であると誤認したことについて過失があった場合について，多数説は，軽過失を不問とし，重過失の場合に名板貸責任の成立を否定する。判例も，重過失を悪意と同視して名板貸責任を否定している（最判昭41・1・27民集20巻1号111頁）。悪意または重過失の存在は名板貸責任を免れようとする側が主張立証すべき事柄であるが，第三者の主観的態様であるところの悪意はふつう立証が困難であるから，通常人の認識を基準にすると誤認はあり得ないと考えられる客観的状況を挙げて，重過失を主張していくことになるものと思われる。

◆コラム——商号その他の企業名表示によらない，営業外観に基づく━━━━━
名板貸責任の認定

　商号の使用許諾が行われておらず，当事者間に営業の類似性もないという状況において，名板貸責任の規定が類推適用された事例が2件ある。

　まず，忠実屋事件（最判平7・11・30民集49巻9号2972頁）は，スーパーマーケット（家主）のテナント（店子）であるペットショップで小鳥を購入した客およびその家族が，購入した小鳥から伝染病に感染して重大な健康被害を被った（小鳥の売買取引に付随する不法行為により損害を被った）として，ペットショップの不法行為債務にかかるスーパーマーケットの名板貸責任を追及したというものである。本件では，スーパーマーケットが自己の商号を使用して営業をすることをペットショップに許諾したという事実はなく，ペットショップがスーパーマーケットの商号を使用したという事実もなかった。しかし最高裁は，ペットショップの店舗外観，営業方法などを具体的に挙げた上で，これらの事実が買物客に対し，ペットショップの営業があたかもスーパーマーケットの営業の一部門であるかのような外観を与えると指摘した。そして，スーパーマーケットはそのような外観を作出し，または作出に関与していたとして，名板貸責任規定の類推適用により，スーパーマーケットは名板貸人と同様の責任を負うと判示した。

　次に，大阪高判平28・10・13金判1512号8頁は，ホテルに出店しているマッサージ店を利用した客が，施術によって重い後遺障害を負ったとしてホテルの名板貸責任を追及したというものである。本件でもホテルによるマッサージ店への商号の使用許諾およびマッサージ店によるホテル商号の使用の事実はない。しか

し裁判所は，マッサージ店の外観やホテル内の掲示物その他の事実を踏まえて，マッサージ店の営業主体がホテル以外であることを積極的に示す表示はなく，むしろホテルの1コーナーとしてホテルが営業主体であるかのような誤認を利用客に生じさせる外観があると指摘した。そして，ホテルはそのような外観を作出し，または作出に関与したとして，会社法9条の類推適用により，客に対して責任を負うと判示した。

　これら2件は，①第三者が消費者ないし非企業であるという点，②取引が第三者の需要行為に関連するという点，③場屋営業者（施設営業者）の責任が問われているという点で共通する。消費者は，企業から商品やサービスを購入するに際して，提供される商品・サービスの質に主として関心をもち，商品やサービスの提供主体が誰であるかとか，相手方である企業の信用や財産状態といったものは，商品・サービスの質を判断するための一要素，または，購買意欲を喚起する周辺的材料として意識しているに過ぎないものと考えられる。つまり，上記事例におけるスーパーマーケットもホテルも，客にとっては，自分の取引の相手方というより，むしろ商品またはサービスの質を最終的に保証する者として意識されていたのではないか，ということである。

　名板貸責任規定が，名板借人の許諾商号使用に伴う取引相手方の誤認混同に対応するための制度であることに照らせば，誤認の対象（ひいては類推適用を可能とする範囲）は，取引相手方を特定するための企業名称に限定されるというべきであり，上の2事例における類推適用は，制度本来の趣旨または保護範囲をかなり越えているといわざるを得ない。

　結局，この2つの事例は，消費者保護法が整備されていない領域の問題に関し，名板貸責任の効果を実質的に得るために，過渡的に商法または会社法の名板貸責任規定が借用されたものと解するべきであって，企業取引一般に援用することができる法理を示したものとはいえないであろう（神作裕之・名板貸責任の要件（1998年，法教216号）18頁参照）。なお，消費者保護という観点に照らすと，類推適用は上記②および③の場面に限定されるものではないと思われる。

　最後に，2件目の大阪高判平28・10・13では，「類推適用の要件として必要であるかどうかはともかく」と断りつつ，ホテルとマッサージ店との一体性があることでマッサージ店の売り上げが増え，歩合式の店舗使用料を得るホテルに，より多くの利益をもたらす関係があったと認定されている。この点は，名板貸責任が追及されている事案全般において，黙示の許諾を認定する際の手がかりになるものと考えられる。

⑷ 取引によって生じた債務

　名板貸人が連帯責任を負うのは，許諾商号を用いた名板借人の営業における取引から生じた債務である。この取引には，営業における取引によって直接生じた債務だけでなく，その不履行により生じた損害賠償債務，契約解除による原状回復義務などが含まれる。

　また，取引によって生じた債務の履行に関連する手形行為も，名板貸責任の対象となる取引である（最判昭42・2・9判時483号60頁）。ちなみに判例は，名板借人が許諾商号を営業上の取引について使用せず，手形行為に限って使用したという場合（営業上の取引での表示と手形行為での表示が一致しない場合）に，類推適用により名板貸責任を認めている（最判昭55・7・15判時982号144頁）。

　名板貸責任の対象となる債務は，誤認による取引から生じたものでなければならない。したがって，取引行為の外形を伴う不法行為（商品の詐取など）に基づく責任は対象となるが，それ以外の不法行為責任は対象とならない。

■ 第 6 章 ■

営 業 譲 渡

1 営業譲渡の意義

(1) 営業譲渡に関する商法の規制，会社の事業譲渡

　商法は，商人の営業の全部または一部を譲渡したときに生じる効果をいく
つか定めている。しかし，効果発生の前提ともいうべき，①営業の定義，②
営業譲渡の方法，③営業譲渡による権利義務の移転の対抗方法に関して，商
法は何の定めも置いていない。①は解釈に委ねられており，②および③につ
いては，営業譲渡という行為を，営業を構成する個別の財産の移転行為に分
解し，その類型に応じて民法のルールを適用するという対応がとられている。
　商法が定める営業譲渡の効果とは，(ア)営業譲受人の競業避止義務（商 16
条），(イ)営業譲受人が譲渡人の商号を続用する場合の債務引受責任（商 17 条 1
項〜 3 項），(ウ)営業譲渡人の債務者が譲受人に弁済した場合の効力（同条 4 項），
(エ)営業譲受人が譲渡人の債務を引き受ける旨の広告をした場合の効果（商 18
条），(オ)債務者が債権者を害することを知って営業譲渡を行った場合におけ
る，譲受人に対する債権者の履行請求権（商 18 条の 2）である。これらは第 1
編総則の第 4 章（商号）において，他の商号関連の条文と混在する形で定め
られている。上に挙げたもののうち，(ア)は営業譲渡の当事者間の効力（内部
的効力）を定めたものであり，残りはすべて，譲渡人の債権者または債務者
に対する関係で生じる効力（外部的効力）を定めたものである。
　なお，会社は，複数の事業部門を抱えているときでも全体として 1 個の事
業を遂行するものと観念されることから（第 5 章 1〔42 頁〕参照），各事業部門
または事業全部の譲渡は，（営業譲渡ではなくて）事業譲渡と表記される。営業

譲渡と事業譲渡は，文言が異なるだけで，概念は同じものである。会社の事業譲渡の効果に関しては，会社法第1編総則の第4章（事業の譲渡をした場合の競業の禁止等）において，上記の(ア)～(オ)と同様の規定が置かれている。そして，株式会社が行う事業の譲渡・譲受けについては，株主総会の特別決議による承認その他，株主による適切なリスク引受けの観点から会社が履践すべき手続が定められている（会社467条～470条）。

営業譲渡は，営業主の地位を交替させるために行われるものであるから，譲渡人および譲受人はともに商人である。なお，会社がその事業を商人（会社ではない商人）に譲渡する場合には，当事者双方に商法の規定が適用され，商人がその営業を会社に譲渡する場合には，当事者双方に会社法の規定が適用される（会社24条）。

(2) 営業譲渡の定義

営業譲渡とは，譲渡人が営業主として有していた地位を譲受人に引き継がせることを目的として行われる1個の取引のことであり，譲渡人が有していた営業用財産（各種の権利義務および事実関係）を，譲受人に一体的に移転することを内容とするものである。

営業譲渡は，（物権行為ではなく）債権行為を目的とする取引法上の行為である。営業譲渡契約の効力が発生すると，譲渡人は営業用財産を譲受人に移転する義務を負い，譲受人は約定の対価を譲渡人に給付する義務を負う。このとき，営業譲渡の当事者は，財産の種類に応じた権利移転要件および対抗要件を充足していく必要がある。

判例（最判昭40・9・22民集19巻6号1600頁）によると，営業譲渡とは，一定の営業目的のため組織化され，有機的一体として機能する財産（得意先関係等の経済的価値のある事実関係を含む）を譲渡し，これによって，譲渡人がその財産によって営んでいた営業的活動を譲受人に受け継がせ，譲渡人がその譲渡の限度に応じ，法律上当然に法定の競業避止義務を負う結果を伴うものであると説明される。

この判例は，営業譲渡の要件として，①有機的一体として組織化された営

業用財産の移転，②営業活動の譲受人への承継，および③譲渡人による競業避止義務の負担を挙げている。

　まず，①の営業用財産は，積極財産と消極財産に分けられる。積極財産は，各種の権利（動産・不動産，物権・債権，知的財産権）と，経済的価値のある事実関係から構成される。経済的価値のある事実関係とは，得意先関係および仕入先関係，販売の機会，営業上の秘訣（ノウハウ），経営の組織などをいい，これらは「のれん（暖簾）」と総称されている（老舗，グッドウィルともいう）。この事実関係は，営業用の個別財産の価値の単純合計を上回る価値（付加価値）を与えるところの，営業の中核的要素であり，営業譲渡の取引においてもっとも重視されるものである。この事実関係の移転を伴わない営業用財産のみの移転は，従前の営業活動の継続が困難になると予想されることから，営業譲渡にはあたらないと解される。逆に，他の財産の移転を伴わない事実関係のみの移転は，有機的一体として機能する財産の譲渡とはいえないし，事実関係は，既存の営業用財産との組合せで最適化されていると考えられることから，同じく営業譲渡にはあたらないと解される。ただし，生産，販売，経理その他の組織または設備を持たずに当該各業務を外部委託し，もっぱら取引先関係やノウハウなどによって個性的な活動を展開している企業（サイバースペースで完結する取引に従事する者など）については，移転の対象となる事実関係が従前の営業を継続するのに適した形で提供されている限りにおいて，事実関係の移転も営業譲渡にあたるといってよいであろう。営業用財産のうちの消極財産とは，営業に関して生じた債務のことである。

　次に，②については，譲渡人の営業活動を継続することができるよう各種財産・事実関係を譲受人に移転する行為があれば足り，譲受人が実際に従前の営業を継続したかどうかまでは問われていないものと考えられる。また，③の点について，商法および会社法は譲渡当事者の特約により競業避止義務を免除することを許容しているので（商16条，会社21条参照），競業避止義務は営業譲渡に伴って原則として生じる法定の効果であるにとどまり，営業譲渡の成立要件に相当するものではないことに注意する必要がある。

◆コラム——営業譲渡における雇用関係の承継の有無

　営業譲渡において，移転の対象となる財産の選択は当事者の合意に委ねられている。たとえば，譲渡人が負担した営業上の債務は，営業譲渡の対価から譲渡人が弁済するものとし，譲受人は引き継がないのが一般的である。

　雇用関係についても，技術や経験に富む労働者については承継し，そうでない者は除外するということがあり得る。もっとも，雇用関係の承継の有無を営業譲渡の当事者に完全に委ねてしまうと，労働者が使用者のために特別の能力投資をしていて別の仕事に速やかに就くことが難しい場合には，労働者が生計の手段を失うなど一方的に不利な立場に置かれることとなる。譲受人が労働契約の承継を希望するとき，労働者は使用者の交替（使用者の権利の譲渡）について同意権を有するが（民625条1項），労働契約が承継されないとき，これを労働者が覆すことはできないのである。

　古い裁判例の中には，営業譲渡において，雇用関係の承継を行わないことに対する補償措置が講じられるなどの特段の事情がない限り，従前の労働契約関係は当然に譲受人に承継されると解するものがある（大阪高判昭38・3・26判時341号37頁）。同判決によれば，この場合に民法625条1項は適用されず，労働者の個別の同意なくして譲受人との間で契約関係が成立するという。

　しかし，多数説は，労働契約の承継も他の権利義務と同じく営業譲渡の当事者の合意に委ねられ，労働者は承継の場合に同意権をもつにとどまると解している。これと同じ前提をとりつつ，不承継とする特約に合理的な根拠がないときにその特約を無効と解して労働契約の承継を認めるものもある。裁判例の傾向も同様である（東京高判平17・5・31労判898号16頁，東京高判平17・7・13労判899号19頁，東京高判平20・6・26労判970号32頁等）。また，譲渡当事者間の黙示の合意の成立を緩やかに認定したものもあり（大阪地判平11・12・8労判777号25頁），全体として，労働者保護の観点から譲渡当事者の合意内容を認定しようとするものが有力であるといえる。

　事業譲渡に似た機能を有する会社分割については，労働者の雇用関係維持の利益に配慮した特別法（会社分割に伴う労働契約の承継等に関する法律）が制定され，立法による解決が図られている。

2 営業譲渡の効果

(1) 競業避止義務

　営業の中核的要素であるところの経済的価値のある事実関係は，一般に，特定の者に排他的に帰属させることが困難であり，譲渡人がその気になれば再度利用して従前の営業を始めることも容易である。譲渡人による同一営業の開始は営業譲渡契約上の債務の本旨に反し，または不法行為にあたるといえるが，商法は，譲渡人が競業避止義務を負うことを明らかにして具体的な規制を加えている（商16条）。なお，事業譲渡における譲渡会社の競業避止義務については，これと同趣旨の規定である会社法21条が適用される。

　営業譲渡の当事者が別段の意思表示をしない限り，譲渡人は，営業譲渡の日から20年間，同一市町村または隣接市町村の区域内において，譲渡した営業と同一の営業を行ってはならない（商16条1項。市町村には特別区ならびに政令指定都市の区および総合区が含まれる）。特約により競業禁止期間を延長することはできるが，30年間を超える合意は無効である（同条2項）。特約で競業禁止の地理的範囲を拡張することについては，制限がない。

　当事者の特約により競業避止義務が免除されている場合，競業禁止区域外の営業の場合，および競業禁止期間満了後の営業の場合を含め，いかなる場合であっても，譲渡人は，不正の競争の目的をもって，譲渡した営業と同一の営業を行ってはならない（商16条3項）。不正の競争の目的とは，譲受人の顧客を不正に奪取する目的のことをいう（大判大7・11・6新聞1502号24頁，知財高判平29・6・15判時2355号62頁）。

(2) 商号を続用する営業譲受人の債務引受責任

　① **総説，営業譲受人が負担する債務**　　営業譲受人が譲渡人の商号を引き続き使用する場合，この譲受人は，譲渡人の営業上の債務について債務引受けをしていないときであっても，譲渡人と並んで，譲渡人の営業によっ

て生じた債務を弁済する責任を負う（商17条1項）。

　このとき，譲受人は譲渡人に対して不真正連帯の関係に立つ。すなわち，譲受人が負担する債務は譲渡人の債務と併存し，譲受人は譲渡人の債務の全額について責任を負い（つまり，譲受人の責任はその取得した財産の価額に制限されない），譲受人は譲渡人が有する抗弁事由を譲渡人の債権者に対抗することができ，譲受人が弁済すれば譲渡人に求償することができ，譲渡人が弁済すれば譲受人の債務は消滅する。譲渡人の営業によって生じた債務は，営業に関連して生じた債務であればよく，取引に起因し，または付随するものに限られない。これは，名板貸責任などとは異なり，本制度が一定の外観に信頼して取引に入った者の保護を目的とするものではないことによる。たとえば，駅員の過失により発生した事故（不法行為）にかかる鉄道会社の使用者責任（民715条）も，営業によって生じた債務に含まれる（最判昭29・10・7民集8巻10号1795頁〔会社法23条1項の適用事例〕）。

　商法17条と同趣旨の規定として会社法22条がある。

　② **商号の続用**　　　譲受人が使用する商号と譲渡人の商号とが完全に一致していなくても，両者が主要部分において共通していれば商号続用の要件が満たされるものと解されている。しかし判例は，事業譲渡会社の商号を「有限会社米安商店」，譲受会社の商号を「合資会社新米安商店」とする事案において，譲受会社の商号に含まれる「新」の文字が，取引通念上，譲受会社が譲渡会社の債務を承継しないことを示すためのいわゆる遮断字句であるとし，商号の続用にはあたらないと判示している（最判昭38・3・1民集17巻2号280頁。本判決は会社の種類の相違について触れていないが，通説および下級審裁判例は，商号続用の判断にあたり会社の種類の違いは不問とする）。経営不振の有名企業の事業を譲り受けるにあたり，譲受会社が譲渡会社の商号に「新」または「新社」の字句を付して使用することが時たま見られるが，これにより，従前の商号から導かれる企業イメージを一応維持しつつ，債務引受責任規定の適用を回避することができる。

　③ **譲受人の免責**　　　商号の続用ある営業譲渡が行われたときであっても，譲受人は，一定の方法により，譲渡人の営業上の債務を弁済する責任を免れることができる。その方法とは，①営業譲渡後に遅滞なく，譲受人が，

譲渡人の債務を弁済する責任を譲受人が負わない旨の登記（商号に関する登記）を行うこと，または，②営業譲渡後に遅滞なく，譲受人および譲渡人が，譲渡人の債権者に対し，譲渡人の債務を弁済する責任を譲受人が負わない旨の通知を行うことである（商17条2項）。①の場合は譲渡人の営業上のすべての債権者に対して，②の場合は通知をした相手方に対して，譲受人は責任を免れる。

　ただし，免責登記をしても，譲渡人の一部の債権者に弁済をするなど，譲受人が登記内容に反する行動を取った場合には，他の債権者に対する弁済の拒絶が信義則上許されないことがある（東京地判平12・12・21金法1621号54頁）。

　なお，免責登記および債務不承継の通知をしない譲受人の責任は，営業譲渡の日から2年間，譲渡人の債権者が譲受人に対して請求または請求の予告をしないときには，この期間の経過をもって消滅する（商17条3項）。

◆コラム——商号続用ある営業譲渡における債務引受責任の趣旨

　多数説および判例（最判昭29・10・7民集8巻10号1795頁，最判平16・2・20民集58巻2号367頁）によれば，営業譲受人が譲渡人商号を続用することにより譲渡人の債務につき弁済責任を負わされることの根拠は，次のように説明される。すなわち，営業譲受人において譲渡人の商号が続用されている場合，①譲渡人の営業上の債権者は，営業主が交替したことを知ることができず，譲渡人の商号を使用している者が自己の債務者であると考えており（債務者同一性の外観），②営業主の交替の事実を知っているときには，譲渡人の商号を続用する譲受人が譲渡人の債務を引き受けたものと考えるのが通常であるということである（債務引受けの外観）。

　上の②からわかるように，譲受人の債務引受責任を追及することができる債権者は，営業譲渡ないし営業主交替の事実について悪意であってもよいと解されている（宇都宮地判平22・3・15判タ1324号231頁〔会社法22条1項の事例〕も同旨）。

　しかし，この多数説および判例の説明に対しては，有力説からの強い批判がある。すなわち，①については，営業主交替の事実を債権者が知らないのであれば，債権者は本来の債務者である譲渡人に請求するほかなく，譲受人が責任を負うとする根拠を見いだしがたいという。また，②についても，商号を続用する譲受人

は譲渡人の債務を引き受けるものであるという通念が取引界にあるとはいえないと指摘される。そして，有力説の立場からは，譲受人の責任の根拠は，債権者の認識ではなくて，譲受人の意思に求められるべきであると説くものがある。ただし，商号の続用が債務引受けの意思の表れであるとする具体的根拠は示されていない。

　上の最後の点について付言すれば，商号の続用は，譲渡人の取引先関係を承継して従来と同様の有利な条件での取引を継続したいという，譲受人の意思に基づいて行われるものであると考えられる。このとき，営業譲渡前の譲渡人の経常的な取引において生じた負債（買掛金等）が未払であれば，譲受人としては，取引先との取引継続を受け入れてもらうために譲渡人の負債を肩代わりすることもやむを得ないと認識しているはずであり（もしここで譲受人が免責登記または債務不承継の通知をしたならば，取引先は態度を硬化させるであろう），このことが取引界の通念となって，債務引受責任を負わせる根拠になっているものと考えられる。

④　債務引受責任規定の類推適用　　商号を続用する営業譲受人の債務引受責任の規定は，適用要件が客観的であり（譲渡人，譲受人，および債権者の主観的態様は問題とならない），譲受人が責任を免れるための方法が具体的に定められている（つまり，当該方法をあえて利用しない譲受人に責任を負わせても不意打ちにはならない）。それゆえ，譲渡人の債権者にとっては，使い勝手のよい救済手段であり，営業譲渡・事業譲渡以外の場面でも積極的に利用されている。

　判例は，株式会社が事業の現物出資を受けた事例（最判昭47・3・2民集26巻2号183頁），および新設分割により設立会社が分割会社から事業を承継した事例（最判平20・6・10判時2014号150頁）において，会社法22条1項の類推適用を認めている。2件とも組織法上の行為（手続，効力，および効力を争う方法が，会社の組織に関する特別法である会社法で定められている行為）として行われた事業の移転であり，取引法上の行為である事業譲渡にはあたらないが，判例は，これらが事業の移転を目的とした法律行為であるという点で共通することを挙げて，類推適用の根拠としている。なお，上の新設分割の事例は，分割会社の商号ではなく，その経営するゴルフクラブの名称が設立会社によ

って続用されたというものであるが，この場合にも，債務者同一性の外観または債務引受けの外観（上の**コラム**参照）が生じるとの理由から，同じく類推適用が認められている。

(3) その他の効果

① **営業譲渡人の商号を続用する譲受人に対する弁済**　営業譲受人が譲渡人の商号を続用する場合，譲渡人の営業上の債務者が譲受人を自己の債権者であると誤認して弁済をする可能性が高いとの理由から，受領権者としての外観を有する者に対する弁済の効力要件（民478条）が緩和されている。すなわちこの場合，譲受人が自己の債権者でないことについて債務者が善意無重過失である場合，当該債務者が譲受人に対して行った弁済は有効である（商17条4項）。商法17条4項と同趣旨の規定として会社法22条4項がある。

② **営業譲受人による債務引受けの広告**　営業譲受人が譲渡人の商号を続用しない場合，譲渡人の営業によって生じた債務について譲受人が債務引受けをしない限り，譲受人は譲渡人の営業上の債務を弁済する責任を負わない。債務引受けの方法は法定されているところ（民470条2項・3項〔併存的債務引受けの場合〕・472条2項・3項〔免責的債務引受けの場合〕），法定の方法に従わず，譲受人が譲渡人の営業上の債務を引き受ける旨を広告，つまり何らかの方法で一方的に告知したに過ぎないときであっても，禁反言に基づいて，譲受人は譲渡人債務を弁済する責任を負う（商18条1項）。すなわち譲受人は，債務引受けの要件不充足を挙げて弁済を免れることが許されない。不特定の相手方に対する告知（相手方への到達の有無を問わない告知）をしたことについて，不特定の債権者に対する責任が生じるということであるから，相手方を特定して告知が行われたときにも商法18条1項が同じく適用され，当該相手方に対して責任を生じるものと解される。

　なお，債務引受けの広告の日から2年間，譲渡人の債権者が譲受人に対して請求または請求の予告をしないならば，譲受人の責任は，この期間の経過をもって消滅する（商18条2項）。商法18条と同趣旨の規定として会社法23条がある。

何が債務引受けの「広告」にあたるかは解釈に委ねられている。最高裁判決の中には，単に営業譲渡を行った旨を記載した新聞広告をもって債務引受けの広告であるとしたものがあるが（最判昭29・10・7民集8巻10号1795頁〔会社法23条1項の適用事例〕），多数説および下級審裁判例（東京高判平10・11・26判時1671号144頁，東京地判平13・5・25金法1635号48頁等）は，譲受人が債務を引き受けたことを債権者が信じるに足りる程度の内容が必要であって，営業譲渡の旨の告知だけでは不十分であると解している。なお，多数説は，債務引受けの旨を述べた個別の書状の送付であっても，大多数の債権者に対して行われていれば債務引受けの広告にあたり，譲渡人の営業上のすべての債権者に対して責任を生じることになると解している。

3 詐害的営業譲渡における債権者の履行請求権

　営業主である債務者が，債権者による民事執行を免れるために，事情を知る者を譲受人に仕立てて営業譲渡を行い，換価可能な財産を根こそぎ移転してしまうことがある。このような債権者詐害的な営業譲渡，すなわち，債権者を害することを知って譲渡人が営業譲渡をした場合において，譲渡人からしか弁済を受けることができない債権者（残存債権者）は，譲受人に対し，この譲受人が譲渡人から承継した財産の価額を限度として，譲渡人の債務の履行を請求することができる（商18条の2第1項本文）。ただし，営業譲渡の効力発生時に，残存債権者を害することを譲受人が知らなかった場合には，この限りでない（同項但書）。残存債権者の履行請求権は，この者が詐害的営業譲渡であることを知った後に請求もしくは請求予告をしないで2年間経過したとき，または営業譲渡の効力発生から10年間を経過したときに消滅する（商18条の2第2項）。破産手続または再生手続の開始決定が行われた場合，残存債権者は履行請求権を行使することができない（同条3項）。

　商法18条の2と同趣旨の規定として，会社法23条の2がある。

　条文の文言上，債務が譲渡人の営業によって生じたものであることは要求されていない（商17条1項・18条1項対照）。この履行請求権は，債権者を害

することの認識を要件としている点は詐害行為取消権（民424条）と同じであるが，①請求の方法は訴えに限られない，②残存債権者に営業用財産の移転行為の取消しを認めるものではない，③営業用財産を譲受人から取得した転得者に対する残存債権者の請求は認められないといった違いがある。

■第7章■
商業帳簿

1 総説

　商人は，一定の方法により商業帳簿を作成し，保存し，裁判所の命令があるときはこれを提出しなければならない（商19条，商施規4条〜8条）。

　商法および商法施行規則の商業帳簿に関する規定は，負担軽減の観点から小商人には適用されない（商7条）。法人である商人については，潜在的に多数に上ると考えられる利害関係者への情報開示の観点から，根拠法で詳細な規制が行われているため，同じく商業帳簿に関する商法・商法施行規則の規定は適用されない（商施規2条1号かっこ書）（**第2章6**〔23頁〕参照）。

　どの商人も，自己の経営状態を知るために，他から命じられるまでもなく，会計に関する何らかの帳簿組織を備えているはずである。したがって，商業帳簿に関する商法の規制がもつ意義は，商業帳簿の作成を義務づけることよりも，むしろ，その作成方法に関するルール（資産評価の原則その他）を定めて商業帳簿の解釈基準を統一することにあるといってよい。客観的な解釈基準があることにより，商人の利害関係者は誰であれ，商業帳簿から得られる情報を通じて商人の財務状況をより正確に把握したり，複数の商人が作成した商業帳簿を相互に比較したりすることができ，取引または紛争に際して適切な行動をとることが可能となる。ただし，商業帳簿の内容の適正を確保するための監査の制度は設けられておらず，商業帳簿の作成の懈怠および虚偽の記載・記録に商法上の罰則はない（倒産処理法上の罰則として，破産270条，民再259条参照）。また，商業帳簿の公開を義務づける制度はなく，利害関係者が商人に対して直接開示を請求することを認める制度もない（大判明33・10・1民録6輯9巻1頁参照）。

61

商人の会計処理は，一般に公正妥当と認められる会計の慣行に従う（商19条1項）。そして，商業帳簿の作成に関しては，一般に公正妥当と認められる会計の基準その他の会計の慣行を斟酌しなければならない（商施規4条2項）。会計の慣行は，商人一般，または営業の種類もしくは規模を同じくする商人一般において事実上定着している会計処理方法をいうものと解される。その中には，企業会計審議会が定めた企業会計原則，企業会計基準委員会が定めた企業会計基準，日本公認会計士協会等が共同で定めた「中小企業の会計に関する指針」などの規約化された会計基準（一般に公正妥当と認められる会計の基準）も含まれる。

2 商業帳簿の意義

商業帳簿とは，会計帳簿および貸借対照表のことをいう（商19条2項かっこ書）。商業帳簿は，書面または電磁的記録をもって作成し，保存することができる（商施規4条3項）。

まず，会計帳簿は，営業上の財産およびその価額，ならびに取引その他営業上の財産に影響を及ぼすべき事象を記録した帳簿であり（平成17年改正前商33条1項参照），少なくとも主要簿，すなわち仕訳帳（日々の取引を借方および貸方の項目に区分して記録した帳簿）および総勘定元帳（仕訳帳の記録を勘定項目別に転記した帳簿。表-2）が含まれる。補助元帳（売掛金元帳，買掛金元帳，商品有高帳など）と補助記入帳（現金出納帳，売上帳，仕入帳など）に分けられるところの補助簿が作成されている場合には，これも会計帳簿として保存・提出義務の対象となる。

貸借対照表は，一定期日における商人の財産状態を表示した一覧表である（表-3）。開業時および営業年度ごとの貸借対照表の作成が義務づけられている（商施規7条）。貸借対照表は，借方（資金の使途）と貸方（資金の出処）に2分され，借方は資産の部，貸方は負債の部および純資産の部によって構成される（商施規8条1項）。純資産は，資産総額から負債総額を控除したものであり，拠出資本と留保利益によって構成される。資産および負債の評価方法

に関し，商法施行規則に若干の定めが置かれている（商施規5条）。

　商人と継続的取引に入るか否かを判断するにあたっては，その商人の収益力を測定する必要がある。そのためには，営業年度の末日現在の財産状態を明らかにしたにとどまる貸借対照表だけでなく，営業年度中に実現したすべての収益・利得と，すべての費用・損失を対比した損益計算書を参照するのが有益である。損益計算書および貸借対照表は，総勘定元帳の内容をまとめた試算表からともに作成されるため，追加で損益計算書を要求してもさほど負担にはならないはずであるが，商人については損益計算書の作成および保存が義務づけられていない。

表-2

総 勘 定 元 帳

現　　金

日	付	摘　　要	仕丁	借　方	日	付	摘　　要	仕丁	貸　方
9	1	前月繰越	✓	30,000					
9	2	郵便貯金	1	100,000	9	3	交通費	1	43,320
9	11	諸　口	2	80,000	9	4	事務用品費	〃	15,000
9	11	仮払金	〃	44,371	9	4	通信費	〃	6,200

売　掛　金

日	付	摘　　要	仕丁	借　方	日	付	摘　　要	仕丁	貸　方
9	1	前月繰越	✓	90,000					
9	2	売　上	1	150,000	9	4	現　金	1	24,000
9	5	売　上	〃	30,000					

買　掛　金

日	付	摘　　要	仕丁	借　方	日	付	摘　　要	仕丁	貸　方
					9	1	前月繰越	✓	57,000
9	2	現　金	1	27,000	9	3	仕　入	1	35,000
					9	5	仕　入	〃	24,381

広 告 宣 伝 費

日	付	摘　　要	仕丁	借　方	日	付	摘　　要	仕丁	貸　方
9	1	前月繰越	✓	25,000					
9	3	買掛金	1	11,000					

表-3

貸借対照表

平成30年8月31日現在

単位：千円（単位未満切捨て）

資産の部		負債の部	
科目	金額	科目	金額
流動資産	416,408	流動負債	157,577
現金及び預金	291,461	買掛金	33,919
売掛金	31,446	未払金	2,248
製品	90,109	未払消費税	3,554
原材料	82	未払費用	108,234
仕掛品	2,001	預り金	4,262
未収入金	1,617	法人税等充当金	3,746
貸倒引当金	△308	リース負債	1,614
固定資産	978,830	固定負債	11,974
（有形固定資産）	235,979	退職給付引当金	5,386
建物	45,597	長期借入金	2,104
設備	4,424	リース負債	4,484
構築物	405		
什器備品	1,338		
土地	183,740	負債合計	169,551
リース資産	475	純資産の部	
（無形固定資産）	22,146	資本金	10,000
借地権	14,563		
電話加入権	3,325	利益剰余金	1,215,070
ソフトウェア	4,258	利益準備金	2,197
		任意積立金	1,225,396
（投資その他の資産）	720,705	自己株式	△26,781
投資有価証券	279,286	繰越利益剰余金	14,258
出資金	276,885		
保証金	8,884	評価・換算差額等	617
その他の投資	16,528	その他有価証券評価差額金	412
長期貸付金	138,810	土地再評価差額金	205
長期前払費用	312	純資産合計	1,225,687
資産合計	1,395,238	負債・純資産合計	1,395,238

3 商業帳簿の保管および提出義務

　商人は，作成した商業帳簿およびその営業に関する重要な資料を，帳簿閉鎖（帳簿の締切り）から 10 年間保管しなければならない（商 19 条 3 項）。営業に関する重要な資料とは，営業に関する受取信書，発信信書の控え，受取証その他の資料であって，取引界の通念に照らして重要と考えられるものが該当すると解されている。

　訴訟において裁判所は，当事者の申立てにより，または，（民訴 219 条・220 条の特則として）当事者の申立てがなくても職権により，商業帳簿の全部または一部の提出を当事者に命令することができる（商 19 条 4 項）。提出された商業帳簿は無条件で実質的証明力があると認定されるわけではなく，民事訴訟の一般原則に従い，裁判官の自由心証に基づいて立証事項にかかる証拠としての価値が判断される（大判明 32・2・2 民録 5 輯 2 巻 6 号，大判昭 17・9・8 新聞 4799 号 10 頁）。

　裁判所が提出を命令したにもかかわらず商業帳簿が提出されないとき，裁判所は商業帳簿の記録に関する相手方の主張を真実と認めることができる（民訴 224 条 1 項・225 条 1 項〔過料の制裁〕）。

■ 第 8 章 ■

商業使用人

1 商業使用人の意義

(1) 営業の補助者

　商業使用人とは，商人との雇用契約に基づいて商人に従属する者であり，商人の営業活動の補助者をいう。商人の活動が大規模化すると，それを補助する者が必要となる。商法は，商業使用人に該当する支配人，ある種類または特定の事項の委任を受けた使用人，および物品販売店の使用人について，商人（営業主）との関係で有する代理権を中心に規定を置いている。使用人の雇用関係については，民法や労働法の適用がある。

　商人の営業の補助者としては，他に独立した商人である，代理商・仲立商・取次商（問屋）がある。これらと異なり，商業使用人は商人資格を有さず，企業の内部において商人の営業活動を補助する者である。会社法は，会社の使用人について商法総則の規定に類似した規定を置く（会社10～15条）。

(2) 商業使用人

　商業使用人は独立した商人ではなく，特定の商人と雇用関係にあり，商人に従属してその営業活動を補助する者である。商人と雇用関係に立たない，商人の妻，親族などは，商業使用人にはあたらないが，商法の商業使用人に関する規定は類推適用され得る。

　商法が規定する商業使用人は，他の一般の従業員（使用人）とは区別される。商業使用人は，商人の営業活動を補助し，対外的に第三者との間で活動する

図-2

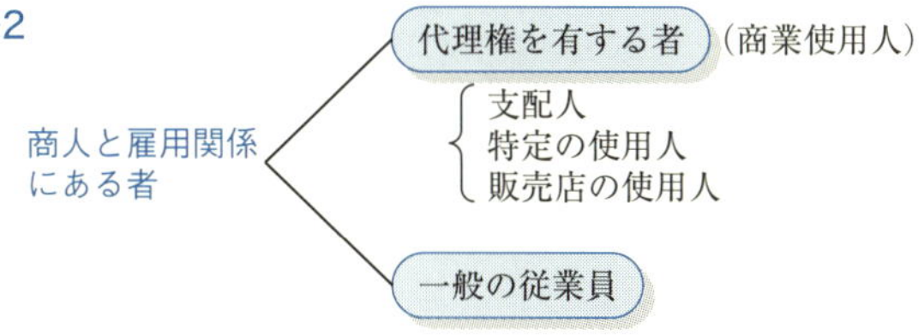

代理権を有する者 （商業使用人）

商人と雇用関係
にある者
- 支配人
- 特定の使用人
- 販売店の使用人

一般の従業員

者をいうのであり，単に商人の営業のためにする労務に服して，企業の内部的業務に従事するだけの者とは区別される。たとえば，簿記係，現金出納係，製造業者の工場の技師，職工，運送業者の運転手，出版業者の編集者，記者などは，商業使用人には該当しない。商法の規制対象とする商業使用人は，対外関係において商人を補助するとともに，その業務について営業主を代理する地位にある者である。

　商業使用人というには，包括的または特定範囲の代理権を有することが前提である。商業使用人は対外関係において商人を補助する者であり，商法21条および同25条は，支配人および特定事項の委任を受けた商業使用人が代理権を有することを前提としている。また，商法26条は，販売代理権を与えられていない者に対してもそれが存在するものとみなしている。ただし，商人から実際に代理権の授与がなされることは商業使用人であるための要件ではない。なぜなら，商法25条においては，当事者間の内部的取決めで代理権を排除していても，対外的には代理権を有しているものとみなされるからである（同条2項）。

2　支　配　人

(1)　支配人の意義

　支配人とは，商業使用人のうち，商人に代わってその営業に関する一切の裁判上または裁判外の行為をする権限を有する者である（商21条1項）。支配人は最上級の商業使用人であり，包括的代理権を有する商業使用人である。

支配人の有する包括的代理権は一般に支配権と呼ばれている。支配人は，営業主（商人）からその営業所において，その営業を行わせるために（商20条）支配権を与えられた営業の主任者である。当該使用人が支配人に該当するか否かは，支配権の有無により決せられ，その付与されている名称により決まるものではない。

　支配人には，たとえば，支店長，本店営業部長などの名称を有する者が該当することも多い。しかし，支配人に該当すると解されそうな名称を有していても，銀行の支店長のように，当該支店において包括的代理権である支配権を有するとは認められない者は，支配人にはあたらない。

　なお，支配人の制度は商業登記を前提としたものなので，小商人は支配人を選任することはできない（商7条・22条）。会社法上の支配人は，会社の使用人のうちで，包括的な代理権を有する，会社の本店または支店における事業の主任者であるものをいう（会社10条・11条）。

(2)　支配人の支配権（包括的代理権）

　支配人の支配権は包括的な代理権である。支配人は，その営業に関する一切の裁判上または裁判外の行為をする権限を有するが（商21条1項），裁判上の行為とは訴訟行為を行うことを意味し，支配人の代理権は営業に関する一切の行為に及ぶ。支配人の包括的代理権は営業所ごとに与えられる（後述(3)〔69頁〕）。

　支配人は，他の使用人を選任し，または解任することができる（商21条2項）。支配人の代理権に加えた制限は，これをもって善意の第三者に対抗することができない（商21条3項）。第三者に重過失のある場合には悪意と同視されると解する（後掲最判平2・2・22集民159号169頁参照）。支配人にあたる者の代理権は包括的なものであり，その代理権の不可制限的な範囲が法により定められているのだから，商人が支配人を選任しながら，その権限を第三者との関係で制約することは許されない。このような制約を登記することもできない。なお，たとえば，商人と支配人との間の契約により，支配人の取引権限について，その種類，金額の上限等について内部的に制限することは可

能であるが，しかし，取引相手方が善意である限り，その制限をもって対抗することはできない。ただし，このような制限は内部的には効力を有し，営業主は，制限に違反した支配人に対して債務不履行による損害賠償を請求することができる。他方，営業主は，悪意の第三者に対しては支配人の無権代理を主張できることになる。

(3) 支配人の選任と終任

　支配人は営業主である商人またはその代理人が選任する。営業主による支配人選任行為は，支配人という地位に就かせるための任用契約である。すでに雇用関係のある者との間では新たな代理権授与行為であるに止まるが，支配人として新たに雇用する場合には，代理権授与行為を伴う雇用契約にあたる。支配人は他の支配人を選任することはできない。商法21条2項は支配人が他の使用人を選任することを認めているが，それから支配人は除かれていると解される。支配人は自然人であることを要するが，制限行為能力者であっても差し支えない（民102条参照）。選任にあたっては，商人が異なる商号により複数の営業を営んでいる場合または1個の営業について複数の営業所を有している場合には，当該支配人が商人を代理することになる，営業所および営業を特定しなければならない（商20条・21条1項参照）。営業所とは，商人の営業活動の中心となり，指揮命令が発せられる場所であり，かつ債務履行を受ける場所であって（商516条），その所在地は管轄登記所（商登1条の3）・管轄裁判所（民訴4条4項）の基準としての意義を有する。支配人を選任した場合には，営業主は，支配人を置いた営業所の所在地においてその登記をしなければならない。支配人の解任等の終任による支配人の代理権の消滅についても同様である（商22条）。

　支配人の終任は，①代理権の消滅，②雇用関係の終了，③営業の廃止により生じる。①については，支配人の死亡・破産等，営業主である商人からの委任の解除（解任）または支配人からの解除（民651条1項）が挙げられる。支配人の代理権は商行為の委任による代理権にあたるから，営業主の死亡により消滅することはない（商506条）。

⑷ 支配人の義務

支配人は，営業主である商人から信任されて，営業所における営業を任された者であり，包括的な代理権を有して商人の営業活動の機密にも通じているため，商人との間に強度の信頼関係が存在して，強度の職務専念義務を負うべき関係にある。そこで，営業主である商人の利益が支配人により害されることのないように，支配人は当該商人に対して以下の営業禁止義務および競業避止義務を負う。

支配人は，商人の許可を受けなければ，①自ら営業を行うこと，②自己または第三者のためにその商人の営業の部類に属する取引をすること，③他の商人または会社もしくは外国会社の使用人となること，および④会社の取締役，執行役または業務を執行する社員となること，を禁じられている（商23条1項1～4号）。

これらのうち，支配人の営業に関する①③④の禁止義務は，営業主の営業の種類やその営業の部類に属する取引に限定されることなく広範囲に及ぶ。支配人の職務専念義務の現れである。これに対して，②の競業避止義務は，営業主である商人の営業の部類に属する取引に限定され，株式会社の取締役，執行役（会社356条1項1号・365条1項・419条2項），持分会社の業務執行社員（会社594条1項），および代理商（商28条1項）が負う義務と同様である。支配人は広範な権限を有し営業の機密にも通じていことから，競業取引により商人に損害を与える危険性は大きいと考えられる。

支配人が上記①～④の義務に違反した場合には，商人は支配人を解任したり，損害賠償を請求することができる。特に，支配人が商法23条1項に違反して2号の競業行為をしたときは，当該行為によって支配人または第三者が得た利益の額は，商人に生じた損害の額と推定される（商23条2項）。商人が被った損害額の証明は実際には困難であるが，これにより容易にされている。

⑸ 支配権の濫用

支配人の行為を外形的にみれば支配権の範囲内に入っているが，支配人の

主観では，自己または第三者の利益を図るために行う行為である場合（たとえば，支配人が自己の遊興費に充てる目的で借財をする場合）は，支配人の代理権（支配権）の濫用にあたる。会社の代表者（株式会社の代表取締役）の場合にも同様の問題が生じ得る。この場合に，善意の第三者との関係では商人は責任を免れないが，支配人の背信的な主観的意図を知る者に対しては，商人は責任を負わないと解すべきである。判例は従来，その法的根拠を心裡留保に関する民法 93 条 1 項但書の類推適用に求めていた（最判昭 54・5・1 判時 931 号 112 頁）。これに対して，学説からは，代理行為成立のために必要な代理意思としては，本人（商人）に当該行為の効果を生じさせようとする意思があれば足りるのではないかと指摘されていた。

　平成 29 年民法改正は，上記判例の趣旨を踏まえて，代理人が自己または第三者の利益を図る目的で権限濫用行為をした場合において，相手方がその濫用目的を知り，または知ることができたときは，その行為は無権代理人がした行為とみなす旨の規定（民 107 条）を新設した。「知ることができたとき」とは，民法 93 条 1 項但書におけると同様に，気づくのが普通であるのに，うっかりして気づかなかったとき（過失）をいう。代表権の濫用に関しても，この規定の類推適用が考えられる。

(6)　表見支配人

　①　**表見支配人制度**　　商法 24 条は，商人の営業所の営業の主任者であることを示す名称を付した使用人は，相手方が悪意であったときを除いて，当該営業所の営業に関し，一切の裁判外の行為をする権限を有するものとみなすとしている。支配人は商人が営業所の営業の主任者として指名した者であるが，商人がある使用人にそのような名称を付与したものの，実際にはその者に支配人としての代理権（支配権）を与えておらず（登記もしていない）場合に，その名称から支配人としての権限を信じた取引相手方等との関係で本条の適用が問題になる。この者を表見支配人という。本規定は，権利外観理論（外観法理）に依拠するものと理解されている。これによれば，商人が，使用人に営業所の営業の主任者であることを示す名称を付与した（帰責性）こと

により，支配人としての外観が生じて（外観の存在），この外観に信頼して（信頼）この者と取引等をした者は保護されることになる。

② 適用要件

⑺ **営業所の主任者たる名称**　支配人は，商人から営業所の営業の主任者として選任され，包括的代理権を与えられた者であって，支配人概念は実質的なものであり，その名称いかんによって定まる形式的な概念ではない。したがって，支店長（銀行の支店長を含む），営業所長，支社長といった支配人を思わせる名称を付与された使用人であっても，実質的に支配人として選任されていなければ支配人には該当しないわけだが，表見支配人に該当する場合がある。支店次長，支店長代理，支店主任などは，それよりも上席者の存在することが明らかであるため，表見支配人には該当しない。

営業所は，商人の企業活動の中心となる場所を指すのだから，支配人らしき外観を有する者が所在する場所が営業所に該当することが必要であり，営業所の実質を備えていることが必要である。保険会社の支社が，保険契約の募集および第1回保険料徴収の取次ぎを行うに過ぎず，独自の事業活動を行う営業所とはいえない場合に，支社長という名称を付与されている者であっても営業の主任者に準ずる者には該当しないとした判例がある（最判昭37・5・1民集16巻5号1031頁）。

⑷ **名称使用の許諾**　表見支配人に該当する者の名称は，営業主である商人によりその使用を許諾されていることを要する。ただし，この名称使用の許諾は明示によることも黙示によることも問わない。使用人が勝手にその名称を使っている場合に，それを営業主が知りながら放置していた場合でも該当する。

⑼ **相手方の善意**　相手方が悪意である場合には本条により保護されない（商24条但書）。悪意とは，当該使用人が包括的な代理権を与えられておらず，支配人ではないことを知る場合である。重過失による不知は悪意と同視されるとする見解が有力である。判例は，商法24条と同様の趣旨に立つ表見代表取締役に関する規定（会社354条）について重過失を悪意と同視する（最判昭52・10・14民集31巻6号825頁）。相手方が悪意であることの証明責任は営業主側が負う（最判昭32・11・22集民28号807頁）。

◆コラム──商法 24 条により保護される相手方

表見支配人が営業にかかわって約束手形を振出した場合に，商法 24 条により保護される相手方が直接の相手方に限られるのか，直接の相手方が悪意の場合にはその後に取得する者は保護され得るかの問題がある。これに類似する問題は表見代理についても生じる。通説は，手形流通の保護のために，直接の相手方だけでなく，その後の取得者も含まれるとする。判例は，表見代理に関して，第三者とは直接の相手方のみを意味し，直接の相手方が保護要件を具備しないときには，その後の手形取得者において要件を具備しても，本人は手形上の責任を負わないとする（最判昭 36・12・12 民集 15 巻 11 号 2756 頁）。直接の相手方に対して表見代理の要件が満たされれば，その後の取得者に対しては善意悪意を問わずに常に責めを負うとするのが通説・判例（最判昭 35・12・27 民集 14 巻 14 号 3234 頁）である。後者である取得者は，善意の前者の有する手形上の権利を承継取得するからである。判例は，会社の表見支配人に関する会社法 13 条の「相手方」について，直接の相手方に限られるとしており（最判昭 59・3・29 金判 709 号 3 頁），商法 24 条についても同様に解すると考えられる。

◆コラム──支配人の登記と商法 24 条

商人は支配人を選任したときは，その登記をしなければならない（商 22 条）。登記を怠るときは，善意の第三者に対抗することができない（商 9 条 1 項前段）。支配人として選任されていないにもかかわらず，支配人としての登記がある場合には，その事項が不実であることをもって善意の第三者に対抗することができない（同条 2 項）。

登記すべき事項について登記が行われると，会社は登記事項をもって善意の第三者に対抗できることになるが，しかし，それではこの規定と表見支配人に関する規定との関係をどのように理解すればよいのだろうか。商法 9 条 1 項により登記によって第三者の悪意が擬制されることになるのであれば，本来的に外観信頼保護の規定の適用の余地はなくなってしまうから，商人と取引をする相手方は常に登記を確認しないと，予期しない損害を被る危険性があることになる。この問題に関しては，多様な見解が示されているが，登記の効力に関しては商法 9 条 1 項が原則的に適用されるけれども，商法 24 条等の外観信頼保護規定の要件が充足される場合には，例外的に商法 9 条 1 項に優先して適用されるとする見解が有力説である（**第 4 章 2** (2)〔35 頁〕参照）。

3 その他の使用人

(1) ある種類または特定の事項の委任を受けた使用人

　商法25条は，商人の営業に関するある種類または特定の事項の委任を受けた使用人は，当該事項に関する一切の裁判外の行為をする権限を有し（同条1項），その使用人の代理権に加えた制限は，善意の第三者に対抗することができないとする（同条2項）。

　上記の使用人には，一般に支店長，部長，課長または係長等のような名称を付与され，営業主からその営業に関するある種類または特定の事項（たとえば，販売，購入，貸付，出納等）について委任を受けている者が該当する。このような使用人は，支配人が有するような広範な包括的代理権ではないが，委任された特定の範囲の事項については包括的な代理権を与えられているのが通常である。したがって，このような使用人と取引をする相手方は，ある程度の範囲の代理権を有している者と考えることができる。

　最判平2・2・22集民159号169頁は，本条の趣旨について，「このような使用人については，客観的にみて受任事項の範囲内に属するものと認められる一切の裁判外の行為をなす包括的な代理権を有するものとすることにより，これと取引をする第三者が，代理権の有無および当該行為が代理権の範囲内に属するかどうかを一々調査することなく，安んじて取引をすることができるようにすることにある」とする。

　したがって，商法25条は，商業使用人が商人から特定の事項について委任を受けていれば，この使用人は当該事項に関する対外的な代理権を当然に有するものとして，取引の相手方は，取引にあたり当該使用人が具体的に代理権を授与されているか否かおよびその範囲について確認する必要はないとして，取引の円滑性と確実性を確保しようとしている。

　商人と使用人間の内部関係において，この使用人の代理権に制限を加えていても，それは善意の第三者に対抗できない。ここで保護される「善意の第三者」には，代理権に加えられた制限を知らなかったことにつき過失のある

第三者は含まれるが，重大な過失のある第三者は含まれない（上掲最判平2・2・22）。この商業使用人については，登記制度の適用はないので，小商人についても商法25条は適用される。

(2) 物品販売店等の使用人

　支配人および特定の事項について委任を受けた使用人を除けば，その他の使用人は何らの包括的代理権を有さず，営業主に代理して取引行為をするためには，特別に代理権を与えられている必要がある。しかし，商法は，取引の安全を保護するために，物品の販売等（販売，賃貸その他これらに類する行為をいう）を目的とする店舗の使用人は，相手方が悪意でない限り，その店舗にある物品の販売等をする権限を有するものとみなされるとする（商26条）。取引の安全のために，物品販売店の使用人の代理権を擬制しているわけである。

第 9 章
代 理 商

1 代理商の意義

(1) 代理商制度

　代理商とは，特定の商人のためにその平常の営業の部類に属する取引の代理または媒介をする者であって，その商人の使用人でない，**独立した商人・会社**である（商27条）。代理商は特定の商人の営業の補助者といえるが，この商人からは独立した存在であり，商人と代理商との間には**代理商契約**が締結される。代理商は，取引の代理を引受けまたは媒介をすることを業とする者であるから，商人に該当する（商4条1項・502条11号・12号）。代理商契約は，物品販売，損害保険，海上運送，旅行業等で利用され，代理商の具体例は，損害保険代理店や海運代理店などである。しかし，代理店，特約店という名称を有していても，必ずしも代理商ではない。代理商に該当するか否かは名称によってではなく，具体的に委任契約があるか，商人の商業使用人ではないか（雇用契約があるか）など，その実質によって判断されることになる。

　会社の代理商に関しては，会社法16条～20条に，商法と同様の規定が置かれている。

(2) 代理商制度の経済的意義

商人が広範な地域において営業活動をしようとするときや，これから他の地域に進出しようとするときに，自ら支店や支社を設ける代わりに，代理商制度を利用することによって，代理商が有する当該地域における知識・信用・販路などを利用することができ，投資コスト・人件費コストを抑えて，より大きな成果をあげることが可能となる。

(3) 商人と代理商との関係

代理商の業務は契約の代理または媒介であり，代理商は2種類に分けられる。第1は，特定の商人のために取引の代理を引き受ける契約を締結し，商人を代理してその名により第三者との間の契約を締結する締約代理商であり，この場合には商人との間には委任契約関係が存する。第2は，特定の商人のために取引の媒介を行う媒介代理商である。媒介代理商は代理行為をするのではない。この場合には，準委任関係が存する。したがって，代理商の行う業務は，仲立営業（商543条以下）や問屋営業（商551条以下），運送取扱営業（商559条以下）と類似するが，仲立人，問屋，運送取扱人は，自己の名をもって不特定多数の商人等のために商行為の取次ぎ，媒介を行う点で，代理商が特定の商人との間の代理商契約に従って特定の商人のために継続的に営業の補助をするのとは異なる。

2 代理商の義務と権限

(1) 通 知 義 務

代理商は，取引の代理または媒介をしたときは，遅滞なく，商人に対して，その旨の通知を発しなければならない（商27条）。一般の委任にあっては，受任者は，委任者の請求のあるときは，いつでも委任事務処理の状況を報告し，

委任終了後は，遅滞なく経緯・結果を報告しなければならないとされているが（民645条），代理商は，商人の請求または委任の終了を待たずに，商人の便宜のために，取引の代理または媒介をしたときは，直ちに通知を発しなければならない。

(2) 競業避止義務

代理商は，商人の許可を受けることなく，①自己または第三者のためにその商人の営業の部類に属する取引をすること，または②その商人の営業と同種の事業を行う会社の取締役，執行役または業務を執行する社員となること，を禁止されている（商28条1項）。この競業避止義務の趣旨は，支配人の競業避止義務（商23条1項2号・4号）と同様であるが，代理商は独立した商人であるから，商人の商業使用人である支配人の場合と比べて義務の範囲は狭い。その趣旨は，もっぱら代理商による利益相反行為を防止することにあり，代理商が当該商人の営業に関して知り得た知識を利用して，当該商人の利益を阻害して，自己または第三者の利益を図ることを防ごうとすることにある。

代理商がこの義務に違反してその商人の営業の部類に属する競業取引を行ったときは，当該行為によって代理商または第三者が得た利益の額は，商人に生じた損害の額と推定される（商28条2項）。支配人の場合（商23条2項）と同様である。

(3) 通知を受ける権限

代理権を有する締約代理商にあっては，本人である商人との関係では，この者が有する代理権の内容は，代理商契約中の授権によって定まることになる。これに対して，媒介代理商は代理権を有していない。

商法は，商人間の売買において，買主は目的物を受領したときは，遅滞なく，その物を検査しなければならないとして，検査の結果，目的物が種類，品質または数量に関して契約内容と適合しないことを発見したときは，直ちに売主に対してその旨の通知を発しなければ，履行の追完，代金減額の請求，

損害賠償請求および契約解除を求めることはできないとする（商526条1項・2項）。そこで，商法は，特則を設けて，物品の販売またはその媒介の委託を受けた代理商は，商法526条2項の通知その他売買に関する通知を受ける権限を有するものとしている（商29条）。これは売買契約の買主の便宜を図るものである。この受働代理の権限は，締約代理商についてのみならず，媒介代理商にも認められる。

(4) 代理商契約の解除

代理商と本人である商人との関係は，委任もしくは準委任の関係であるから，民法653条に定める委任の終了事由に該当するときは代理商契約は終了する。さらに，商人および代理商は，契約の期間を定めなかったときは，やむを得ない事由があるときを除き，2ヶ月前までに予告をして，その代理商契約を解除することができる（商30条1項・2項）。

(5) 代理商の留置権

代理商は，取引の代理または媒介をしたことによって生じた債権の弁済期が到来しているときは，当事者が別段の意思表示をした場合を除き，その弁済を受けるまでは，商人のために当該代理商が占有する物または有価証券を留置することができる（商31条）。これは商人に対する債権について代理商の保護を図る規定である。

この規定は，民法の留置権に関する規定が，その物に関して生じた債権を有するときに，その物を留置することができるとしている（民295条1項）のに対して，代理商の留置権には，このような債権と留置物との間の牽連関係を不要とする点で異なる。牽連関係の不要な理由は，代理商と商人との間の関係は継続的な関係であって，その継続する間の取引は一体としてみられることにある。また，商人間の留置権では，留置の目的物が双方の商人の商行為によって債権者である商人の占有に属することとなったことを要するとともに，留置の目的物が債務者の所有する物または有価証券であることを要求

される（商521条）のに対して，代理商の留置権では，留置の目的物が債務者である商人の所有に属することを問わない点で異なる。

第2編
商 行 為 法

■ 第 1 章 ■
商行為法総則

1 商行為および商行為法の特徴

(1) 商行為の特徴

　商法は私法の一分野と理解される。私法の一般法が民法である点に着目すれば、商法は私法の特別法と捉えられる。それでは、特別法の特別法たる所以は何か、なぜ特別法が設けられるべきなのか。こうした問いかけに対し、必要十分に回答するのは容易でない。特別法たる所以を必要十分に明らかにしようとすれば、個別の条文ごとに解答を探求しなければならないからである。

　もっとも民法の適用対象となる取引行為全般と商行為を比べると、一般論として商行為には次のような特徴があるとされる。すなわち営利性、計画性、継続性、反復性、大量性、定型性、迅速性、集団性および個性喪失等の特徴である。個人相互間で一回的に行われる取引と比べると、利潤獲得を目的とする以上、企業活動として行われる取引にはこうした特徴が反映されることになる。

　　◆コラム──商的色彩論
　　　商法の分野でかつて盛んに議論されたテーマの一つに、実質的意義の商法というテーマがある（**第1編第1章1**(3)〔6頁〕参照）。形式的意義の商法とは商法典だが、実質的に商法とされるものは何か。商法の基本概念をめぐる商人法主義および商行為法主義に関する議論とも相俟って争われたこのテーマについて、現在の通説は企業法論である。西原寛一の唱えた見解であり、商法とは実質的には

企業に関する法と理解する立場である。

　企業法論が通説の地位に至るまでは商的色彩論が有力だった。田中耕太郎の唱えた見解であり，商法とは商的色彩を帯びた行為に関する法との理解である。それでは商的色彩とは何か。田中の唱えた商的色彩とは，商行為が一般的に有するとして，営利性をはじめ本文に記した特徴の総称である。こうした商的色彩は，投機売買に起因すると田中は主張する。投機売買とは安く買って高く売る，または高く売って安く買い戻すことにより利潤を獲得する行為のことである。

　田中の主張によれば，利潤獲得のため投機売買が行われ，当該投機売買は商的色彩とされるいくつもの特徴を備えると整理される。田中のこうした主張内容は，商行為の特徴は何かという問題意識で眺めると，現在もなお傾聴に値する。実質的意義の商法とは何かという問題設定だったため，議論が進むにつれて企業法論に通説の地位を許したが，当該議論の成果として商行為の特徴が示された点に着目すると，商的色彩論には今日もなお汲むべき示唆が認められる。

(2)　商行為法の特徴

　営利性をはじめとした特徴を有する商行為について，商法典は 501 条以下に条文を設ける。もとより商法典に定める規定のみが商行為に関する法的ルールではない。民法が私法の一般法である以上，商行為たる個別の取引について，適用される特別法の条文がなければ一般法たる民法が適用される。たとえば商行為によって生じた債務について，平成 29 年改正前の商法 514 条によれば法定利率は年 6 分とされていた。しかしながら改正により同条が削除されるため，法定利率については一般法たる民法が適用される。令和 2 年 4 月 1 日に施行される平成 29 年改正後の民法 404 条では，別段の意思表示がないときの法定利率は 3 パーセントである。

　もとより商行為により生じた債務の利率について，契約自由の原則により別段の意思表示は可能である。換言すれば民法や商法が定める法的ルールの多くは任意規定であり，当事者が契約を基礎として自由に取引関係を設計することになる。民法や商法の定める法的ルールのみで賄える取引関係はむしろ少ない。商行為の反復性，継続性，大量性および集団性等の特徴に対処するべく，取引の目的物，規模および期間並びに取引の当事者の特性等を反映

した約款を設けて取引をめぐるルールを整備することも一般的である。

このように商取引では，契約自由を出発点に，制定法を任意規定と捉え，取引関係のルールを自由に設計し得るのが一般的である。しかしながら商取引に関するルールの中には，強行規定と捉えるべきものも見受けられる。たとえば決済に関するルールである。モノが取引されれば，代金支払のためにカネが取引される。取引の決済を規律する手形法や小切手法，電子記録債権法等は企業取引に不可欠のルールであり，企業取引に関する点に着目すれば商法や民法と同様に商行為法の一部を占めている。

ところでモノの取引が大量なら，カネの取引も大量に及ぶ。大量のカネの取引を迅速に決済するには，取引の個別具体的な特徴を詳しく決済処理に反映させることは控え，個性を喪失した集団的・定型的な処理が求められる。そのため商行為法の一部でありながら，商法や民法のルールとは異なり，手形法をはじめとした決済処理に関するルールは強行法規性を有する。

また企業取引には，B to B と呼ばれる事業者相互間の取引のみならず，B to C と呼ばれる事業者と消費者間の取引もある。2つの取引を比較した場合，B to C では情報の非対称性が存する。取引に関する知識および情報の質・量がともに事業者に偏在し，両当事者の交渉力に格差の存する取引となる。契約自由の原則を認めがたいこのような B to C の取引においては，交渉力の均衡を確保し消費者の利益を図る一連の制定法が用意されている。消費者法と呼ばれる分野の制定法であり，消費者契約法，特定商取引法および割賦販売法等が該当する。一方の当事者が事業者なので B to C も商取引法の一部であるが，消費者の保護を図るべく，これらの制定法は強行規定である。

2 約款による取引

(1) 普通取引約款

　大量の取引を迅速に処理するには，取引の個性を喪失させ，取引の内容や手続を画一化・定型化するのが好都合となる。取引のこのような定型的処理のために企業があらかじめ作成した契約条項が普通取引約款である（単に約款ともいう）。定型的処理の要請自体には合理性がある。約款を作成した企業はもちろん，B to C の一方当事者である消費者にとっても合理性が認められる。

　たとえば鉄道会社と乗客間で旅客運送契約を締結する場合，乗車前に切符を買うべきは乗客も常識的に了解している。しかしながら列車の運休による切符の払戻しや別の経路利用による切符の変更等の場合，手続や手数料等の詳細を約款で定め，約款に従って処理する旨をあらかじめルールとしておけば，運休の生じたときも迅速な処理が期待できる。ルールが何もない状況で運休の後始末を乗客各人が個別に鉄道会社と交渉する場合を想定・比較すると，約款による処理は少ない手間・時間・費用で済む。画一的・定型的な対処なので，乗客相互間の有利・不利も生じない。こうした長所を備える点に着目すれば，約款による取引は消費者にも一定のメリットがある。

　もっともこうしたメリットは，約款の諸規定が取引の両当事者を拘束するとの理解が前提となっている。両当事者が諸規定の内容を詳しく知悉していなくとも，約款には拘束力が認められるとの前提である。ただし，この前提が肯定されるには，主として2つの問いに対し解答を用意する必要がある。一つは，約款の内容を知悉していない当事者が約款の諸規定に拘束される理由であり，もう一つは，約款の内容の妥当性を確保する方法である。

　前者は約款の拘束力の源泉は何かという問いである。この点については従来から活発な議論が展開されてきた。源泉を契約または法のいずれに求めるかで大別され，前者では意思推定説，後者では商慣習法説が主要な見解である。意思推定説は判例の立場である（大判大 4・12・24 民録 21 輯 2182 頁）。当事者が約款によらない旨の意思を表示せずに契約したならば，反証のない限

り，約款による意思をもって契約したと推定すべきと説く。このような判例の理解に従うと，約款による意思のないことが立証された場合には，推定が否定され，拘束力が認められない結果となる。こうした不都合を回避するべく，判例を支持する立場からは，約款の定める特定の条項の存在を知らなかったという立証では足りず，当該条項も含めた約款による意思がなかったことの立証が必要と唱えられる。

商慣習法説は学説の通説的見解である。ある取引分野において約款による契約が締結されており，取引は一般に約款による旨の白地商慣習が成立していると認められるならば，当該商慣習は商慣習法と評価されるので，法的ルールとして当然に適用が肯定されると説く。この説によれば，約款の拘束力は白地商慣習の成立を認定し得るか否かで左右される。意思推定説のように取引相手方の主観次第で約款の拘束力が左右されるわけではないが，白地の商慣習として，実際には内容を知悉していない約款に一般的には従うとの商慣習が存在している旨の事実認定が，約款の拘束力を肯定するには必須となる。

約款の内容の妥当性確保については，約款規制の問題として扱われる。B to C において約款を作成する企業には，作成者の本音として自己に有利な内容を約款に盛り込みたいとの動機が働きやすい。情報の非対称性や交渉力の格差も作用すると，取引の一方当事者である消費者に不利な内容の約款が作成されかねない。過大な違約金を消費者に課す違約罰条項や，取引で生じた紛争の裁判管轄を企業の本店所在地と定める裁判管轄条項が典型例である。

約款の規制は行政，司法および立法から加えられる。行政的規制では，企業の監督官庁が約款の妥当性を事前に審査する。たとえば普通保険約款については，保険業の免許を内閣総理大臣に申請する際の添付書類として提出が要求され（保険業法4条2項3号），約款に定めた事項を変更しようとするときは内閣総理大臣の認可を受けなければならない（同法123条1項）。もっとも行政的規制に違反して，主務大臣の認可のない普通保険約款に基づいて締結された保険契約も，私法上は有効と解されている（最判昭45・12・24民集24巻13号2187頁）。

司法的規制では，約款の特定の条項をめぐって紛争が生じた場合に，裁判

所が解釈を通じて当該条項の効力を否定・制限する。具体的には信義則（民1条2項），権利濫用（民1条3項）および公序良俗（民90条）等の一般法理を活用して，当該条項を無効または一部無効と判示する手法である。これら一般法理の適用については謙抑的たるべきと通常は理解されているが，こうした理解を所与としつつも特定の条項を無効または一部無効と判示すべきほどに，当該条項の効力を認めるのが妥当でないとの価値判断が根底にある。

　ただし具体的に訴訟が提起されないと機能しないので，司法的規制はどうしても事後的な対応となる。また司法的規制は，個別的な対応とならざるを得ない。たとえば1つの約款に効力の否定されるべき条項が3つ存在する場合でも，実際の訴訟で争われた条項が1つだったならば，他の2つについては当該訴訟後も効力が否定されずに残る。一般法理を活用した柔軟な対応は司法的規制の長所であるが，個別的・事後的な対応にとどまる短所も抱える。

(2)　定型約款——立法による約款規制

　①　**定型約款の合意**　　　約款の中でも立法的な規制対象とされるのが定型約款である。平成29年改正民法で新設された民法548条の2以下が定め，約款の拘束力の源泉および妥当性確保の両方に規制が及ぶ。同条1項は，約款の中でも定型約款という類型を定めた上で，定型約款については一定の場合に個別の条項についても合意したものと擬制する規制である。擬制により当該定型約款の法的拘束力が肯定される点に着目すれば，拘束力の源泉に立法的手当を加えた制度である。先に記したように拘束力の源泉について，約款一般では意思推定説や商慣習法説を軸とした議論が今後も続くが，定型約款については民法の規定により拘束力の有無が判断される。そして当該規定による効果が合意を擬制する点に着目すれば，新設された条文は定型約款の拘束力の源泉を合意に求め，判例と同様に契約的なアプローチを採用したと解される。

　続く民法548条の2第2項は，内容に関する規制である。1項所定の要件にさらに消極的要件を付加することで，1項の例外を定める形式をとる。付加されるべき消極的要件とは条項の不当性である。定型約款の個別の条項に

ついて，相手方の権利を制限し，または相手方の義務を加重する条項であって，その定型取引の態様及びその実情並びに取引上の社会通念に照らして信義則に反して相手方の利益を一方的に害すると認められる条項については，1項所定の要件を満たしていても，合意しなかったものとみなされる。2項適用の要件として定型約款の個別条項が定める内容の不当さが問われるので，内容規制に位置づけられる。

2項適用の前提でもある1項所定の要件は何か。民法548条の2第1項では3つの要件を定める。①取引が定型取引であること，②定型取引を行うことの合意をしたこと，および③定型約款を契約の内容とする旨の合意をしたこと（同項1号），または定型約款を準備した者（定型約款準備者という）があらかじめ当該定型約款を契約の内容とする旨を相手方に表示したこと（同項2号），の3つである。①は取引，②は取引の合意，③は約款の合意または表示に関する要件である。

①の定型取引とは，ある特定の者が不特定多数の者を相手方として行う取引であって，その内容の全部又は一部が画一的であることが取引の両当事者にとって合理的なものと規定される。当該取引がB to CかB to Bかは問わない。合理的とは，多数の相手方に対して同一の内容で契約を締結することが通常であり，相手方が交渉を行わず，一方当事者が準備した契約条項の総体をそのまま受け入れて契約を締結することが取引通念に照らして合理的であることと解されている。

定型取引のこうした定義を基礎として，定型約款は定義される。すなわち定型約款とは，定型取引において，契約の内容とすることを目的として定型約款準備者により準備された条項の総体のことである。民法548条の2第1項柱書かっこ書が定めるこの定義に該当しなければ，約款であっても定型約款ではない。②の合意は定型取引合意と呼ばれる。③は民法548条の2第1項1号または2号の選択的規定なので，定型約款準備者による事前表示があれば，定型約款を契約の内容とする旨の合意がなくても足りる。また③の表示は定型約款を契約の内容とする旨の表示であり，契約の内容自体の表示ではない。

民法548条の2第2項は，これら①乃至③を前提に，④として不当条項の

消極的要件が加わる。定型約款でなければ③の要件がそもそも不充足となるので，④の要件を満たしても2項の適用はない。また④は不当条項について不同意が擬制されるものの，不当条項以外については1項により合意が擬制される。

②　開　示　義　務　　　民法548条の3は約款内容の開示義務を規定する。同条1項本文は定型取引を行い，または行おうとする定型約款準備者が相手方に対し開示義務を負う旨を定める。開示義務発生の要件は，定型取引合意の前または定型取引合意の後相当の期間内に相手方から開示請求のあることである。相手方から開示請求がなければ開示義務が発生しないので，定型約款にあっては，約款内容の開示自体は拘束力を認めるための必要条件ではなく，開示が拘束力と結びつかない制度となる。また定型取引合意の後相当の期間が経過した場合も開示義務は発生しない。

　開示義務は，開示請求後に遅滞なく，相当な方法で履践されなければならない。相当な方法としては，書面の交付やメールによるPDFファイル送信の方法がある。その他，定型約款準備者の自社ウェブサイトに定型約款を掲載し，開示請求があった場合に当該ウェブサイトを閲覧するように促す方法等もある。こうした方法による約款内容の開示が開示請求に先立って行われていたならば，相手方から開示請求がなされても定型約款準備者に開示義務は発生しない。

　開示義務に違反した場合にはどのような効果が生ずるか。民法548条の3第2項は，定型取引合意の前に開示請求されたにもかかわらず開示を拒んだ場合，民法548条の2が適用されないと定める。したがって定型約款の合意の擬制や不同意の擬制も生じないこととなる。もっともメールやインターネットの通信障害をはじめ，開示義務を履行できない正当な事由があれば擬制は発生する。

　定型取引合意の後相当の期間内になされた開示請求に対して，開示を拒んだ場合はどうか。民法548条の3第2項はこのような場合を規定しておらず，それゆえ定型取引合意前の請求拒絶の場合とは異なり，合意の擬制や不同意の擬制が生ずる。しかしながら同条1項本文により，この場合にも定型約款準備者は開示義務を負う。それゆえ開示義務の不履行により，相手方は定型

約款準備者に対し強制的な履行を請求し得る（民414条1項）。損害賠償請求も可能である（民415条）。

③ 定型約款の変更　　定型約款は，条項の数が多くなり，内容も詳細にわたるのが通常である。定型約款を利用した契約締結により，一定期間にわたる契約関係の継続を想定するためである。期間が相応の長さに及ぶと，定型約款の内容変更が必要となる場合も生ずる。定型約款準備者の事情に起因する場合の他に，法令の改正や経済環境の変化による場合にも，内容変更の必要は生じ得る。

こうした定型約款の内容変更は契約の事後的変更に該当し，相手方の同意が不可欠なのが本来である。ただし相手方の同意を得るのは，現実には必ずしも容易でない。相手方が所在不明な場合はもちろん，所在を把握できても同意を得るために手間・時間・費用のコストが嵩むケースもあり得る。コストをかけても相手方全員から同意が得られるとは限らず，一部の相手方が不同意の場合には契約内容の画一性が維持できなくなる。

こうした不都合に対処するべく，民法548条の4は定型約款の変更について定める。同条1項は，2つの場合には定型約款の変更により，変更後の定型約款の条項について合意があったと擬制し，擬制により個別に相手方と合意することなく契約内容を変更できる旨の規定である。2つの場合とは，定型約款の変更が，①相手方の一般の利益に適合するとき，または②契約をした目的に反せず，かつ変更に係る事情に照らして合理的であるときの2つである。②では合理的か否かを判断する際，変更の必要性，変更後の内容の相当性，民法548条の4により定型約款の変更をすることがある旨の定め（いわゆる変更条項）の有無およびその内容等が参照される。

①と②を比べると，②は相手方の一般の利益に適合せず，変更により何らかの不利益が生ずる場合である。相手方に不利益が生ずる場合なので，変更の効力発生については①と②で差異がある。民法548条の4第2項が定める周知義務に関連する差異である。同項では定型約款準備者に対し，定型約款の変更の効力発生時期を定めた上で，インターネットの利用その他の適切な方法により，定型約款を変更する旨及び変更後の定型約款の内容並びに効力発生時期を周知すべき旨を定める。このような周知義務について，②の定型

約款の変更の場合には，効力発生時期が到来するまでに周知義務が履行されなければ合意の擬制は生じない。これに対し①の場合には，相手方の一般の利益に適合するので，周知義務が履行されなくても合意が擬制される。

3 契約の成立

(1) 申込みの存続期間

契約成立の不可欠の要素である申込みについて，承諾期間の定めがあれば民法523条が適用される。申込者が撤回権を留保しない限り承諾期間内には申込みを撤回できず，また承諾期間内に承諾の通知を受けなかったならば申込みは効力を失うとのルールである。一方，承諾期間の定めがない場合のルールは，商人間か否か，および対話者間か隔地者間かで区別され，全部で4つのパターンが想定される。①商人間でなく対話者間，②商人間でなく隔地者間，③商人間で対話者間，および④商人間で隔地者間の4つである。これらのうち，対話者間に関する①および③は民法525条2項・同条3項が適用される。また隔地者間に関する②は民法525条1項が適用される。

これに対し④は商法508条1項が規定する。商人である隔地者間では，申込みを受けた者が相当の期間内に承諾の通知を発しなかったならば，当該申込みは当然に失効する。相当の期間を経過し承諾が遅延した場合，申込者は承諾を新たな申込みとみなすことができる（民524条）。こうした④のルールを②と比べると，②の民法525条1項本文では撤回の可否が効果として規定されているのに対し，④では申込みの効力自体が規定されている。また③と比較すると，③の民法525条3項本文は申込みの効力自体を規定しつつ，同項但書で例外を規定するのに対し，④では例外規定がない。

②および③と比べ，条文を見ると④にはこうした相違がある。もっとも②について民法の多数説は，相当の期間が経過したならば撤回を待たずに申込みは効力を失うと解する。この理解によると，②は④と異ならず，それゆえ④は③に対する関係で特別法と捉えることとなる。商人間の対話者間では民

法525条3項但書により申込みが失効しない場合を想定し得るのに対し，同じく商人間でも隔地者間ならば商法508条1項により当然に失効する点に，両者の違いが存する。

(2)　諾否通知義務

申込みに対する承諾については，特別法として商法509条が設けられている。同条1項は，商人が平常取引する者から当該商人の営業の部類に属する契約の申込みを受けたときは，遅滞なく，当該申込みに対する諾否を通知すべき義務を規定する。申込みに対し承諾するか否かは，本来，申込みを受けた者の自由であるが，商取引の迅速性の観点から諾否の通知を義務づけている。

続く同条2項は，通知義務を怠ったならば，被申込者たる当該商人は当該申込みを承諾したとみなす旨を定める。みなし規定により，被申込者が承諾しない旨を遅滞なく通知しなければ契約成立との効果が生ずる。当該契約により債権債務が発生するので，被申込者自身は契約が成立しておらず債務も発生していないという認識だったとしても，債務不履行も生じ得る。

商取引の迅速性の要請に応えるこうした効果発生が正当化・合理化されるのは，被申込者たる商人は諾否の決定が容易である点に存する。「平常取引をする者」および「営業の部類に属する契約の申込み」という2つの要件が充足されるならば，諾否の決定は容易であり，したがって遅滞なく諾否を通知することも可能との理解である。申込者の観点に立つと，容易であるからこそ早期の諾否決定通知を期待できることになる。

換言すれば，通知義務の発生を左右する2つの要件は，被申込者の諾否決定の容易性および申込者の早期通知への期待を基礎として解釈される。具体的には，平常取引か否かについて，単に取引をしている程度では足りず，即座に返事がなくとも，承諾しないときは必ずその旨の返事をするという程度の信頼関係を伴う取引が平常取引に該当すると解されている。また，営業の部類に属する契約か否かについても，諾否決定の容易性から判断することができる。従来の通説では基本的商行為のみが該当し附属的商行為は該当しな

いと解された。しかしながら諾否決定の容易性に照らせば，客観的にみて慎重な判断が必要とされる申込みは，基本的商行為であっても商法509条の定める営業の部類に属する取引には該当しないと解される。

(3)　申込みを受けた者の物品保管義務

　商人が自己の営業の部類に属する契約の申込みを受けた場合，申込みとともに受領した物品があるときは，申込みを拒絶した場合であっても，被申込者たる商人は申込者の費用をもって当該物品を保管しなければならない（商510条）。ただし当該物品の価額が保管費用に足りないとき，または保管により当該商人が損害を受けるときは除外される。同条がなければ事務管理（民697条）となるケースであり，物品を受領した者は事務の管理をしなければならないが，物品の保管義務までは負わないはずである。

　それにもかかわらず商法510条で保管義務を定めるのは，商取引を迅速かつ円滑に進めるとともに，当該商人に対する申込者の信頼を保護するためと解されている。そして，そのように解すべき理由は，商取引では相手方の承諾を予期して，契約の申込みと同時に物品を送付することが少なくない点に求められている。迅速な取引成立の便宜を確保するべく，商法510条は物品保管義務を定めたとの理解である。

　もっともこのように理解するのであれば，申込者と被申込者間に相応の信頼関係が求められる。被申込者の承諾を予期できる程度の信頼を申込者が被申込者に対して寄せることが要求されるべきだとすれば，商法510条の要件で人的範囲が何も絞り込まれていない点に，立法論として問題が指摘されている。具体的には，申込者と被申込者は平常取引をなす者相互間に限定されるべきとの指摘である。

4 債権の担保

(1) 流 質 契 約

　民法では質権設定者に対し，流質契約を禁止している（民349条）。質権設定行為または債務の弁済期前の契約において，質権者に弁済として質物の所有権を取得させ，その他法律に定める方法によらないで質物を処分させることを禁止する規定である。債務者の困窮に乗じた債権者の暴利行為を防ぐ趣旨である。これに対し商法では，商行為によって生じた債権を担保するために設定した質権については，流質契約が認められる（商515条）。流質契約の禁止が資金調達の制約となる可能性に鑑み，金融を得させる方途を広く認めるための規定とされる。

　こうした理解によれば，質権設定者にとって商行為となる債務に対してのみ商法515条は適用されるべきことになる。同条所定の「商行為」という文言については，質権設定者にとって商行為でなければならず，またそれで足りると解される。反対に，たとえば商行為であっても当該商行為が絶対的商行為であり，質権設定者が非商人であるような場合には，民法が定める流質契約禁止の趣旨が当てはまる。

(2) 商人間の留置権

　留置権に関する一般法は民法295条である。これに対する特別法として商法521条は商人間の留置権（商事留置権）を定める。民法295条の目的が個別的取引関係における当事者の衡平への配慮に存するのに対し，商法521条のそれは商人間の継続的な信用に基づく取引関係の維持および迅速化にある。留置できるという効果はいずれも同じであるが，こうした目的の相違が要件の相違に現れる。

　主要な相違は4点ある。第1は被担保債権と留置の目的物との牽連関係である。具体的には，民法上の留置権では，被担保債権は留置権の対象となる

物に関して生じた債権でなければならない。個別的関連性である。これに対し商人間の留置権では，牽連関係が要求されない。第2は留置の目的物の所有者である。民法上の留置権では，留置の目的物は被担保債権に係る債務者の所有でなくても構わない。留置権者以外の他人の私有物が広く目的物となる。これに対し商人間の留置権では，留置の目的物は債務者の所有でなければならない。

　第3は被担保債権の発生事由である。民法上の留置権では，この点は特に問題とされない。第三者から譲り受けた債権であっても，留置権の被担保債権となり得る。これに対し商人間の留置権では，商人間において双方のための商行為となる行為によって生じた債権でなければならない。したがって第三者から譲り受けた債権は，留置権の被担保債権となり得ない。第4は留置の目的物の占有取得原因である。民法上の留置権では，占有取得原因は問われない。これに対し商人間の留置権では，留置の目的物が債務者との間における商行為によって債権者の占有に属したものでなければならない。

　このように商人間の留置権では　第1の個別的関連性は不要だが，第2乃至第4の要件が加わる。こうした商人間の留置権が認定される典型例は，商人間で，質権設定者である債務者が被担保債権を弁済した後も，弁済期にある他の債権の担保として質物を留置する場合である。継続的な信用に基づく複数の取引が存在し，すでに信用の供与を受けている債務者が，さらに信用供与を受けたいために質権を設定するようなケースが典型となる。質権の被担保債権を弁済してもなお他の債権の担保のために留置が認められる点に，個別的関連性を不要とし，両当事者間の営業上の取引から生じた債権と留置の目的物との一般的関連性のみを要件とする商人間の留置権の特徴が反映される。

　留置の目的物には不動産も含まれる（最判平29・12・14民集71巻10号2184頁）。この点は主にバブル崩壊後の後始末において論じられた。土地の所有者が建築請負業者にビルの建築を発注したものの，バブル崩壊により土地所有者は融資を受けた金融機関と建築請負業者の両者に対して弁済が困難となる。金融機関は土地に対する抵当権の実行を申し立てる。これに対し建築請負業者は，未払代金債権と土地との間に牽連関係がないことを所与として，土地

に対する商人間の留置権の成立を主張する。こうした主張の適否を検討する際，留置の目的物に不動産が含まれるか否かが問われ，最判平29・12・14により不動産も含まれると判断された。

◆コラム――建築請負人による商人間の留置権主張をめぐる利害と論点――――

　　留置の目的物に不動産が含まれるか否かの問題は，建築請負業者と金融機関間における利害対立のように映るが，当然のことながら土地の所有者にも利害が及ぶ。金融機関を抵当権者とする土地の所有者が，建築請負業者への未払代金を意図的に弁済せず，建築請負業者が商人間の留置権を主張できると解した場合，どのような結果が生ずるか。意図的に弁済を遅らせることで，建築請負業者に支払うべき遅延損害金が膨らむ。遅延損害金も含めて建築請負業者に土地に対する商人間の留置権を実行させると，抵当権者たる金融機関への配当を減らすことになる。配当なしの可能性も考えられる。こうなると抵当権の実効性が損なわれかねない。担保権制度の秩序を乱す危険もある。最判平29・12・14はこうした利害関係と問題状況を背景とした判決である。

　　それでは最高裁判決が留置の目的物に不動産も含むと判断したことにより，建築請負業者の土地に対する商事留置権が認められるに至ったか。商事留置権が成立するには他の要件も満たさなければならない。とりわけ商法521条が定める「自己の占有に属した」という占有の要件をめぐって議論が重ねられた。建築請負業者による占有については肯定説と否定説が対立する。肯定説は外形的占有の事実のみで要件は満たされると説く。これに対し否定説は，建築請負業者による占有の特殊性を指摘する。具体的には，占有の権原は工事施工に必要な範囲に限定され，新築工事が完了すれば当然に消滅すること等を指摘する。建築請負業者の土地の占有は，発注者の占有補助者としてであり，独立したものではないとも指摘される。

　　否定説に立てば商事留置権は不成立となり，土地の返還が認められるか。この点についても議論がある。建物についての留置権は成立するので，当該留置権の反射効として土地の返還を拒めるかが問われるためである。一方では反射効により土地の明渡しは拒絶可能と唱えられる。この理解は，留置権が成立したのと同様の結論に近づく。他方では反射効を肯定しながらも，破産により留置的効力は失われたとの主張も見られる。

　　これに対し肯定説では，占有を肯定し建築請負業者の商事留置権を認めた場合，金融機関が有する抵当権との関係が問われる。2つの担保権の優先劣後関係であ

る。この点について有力に説かれるのは対抗要件説である。抵当権の対抗要件である登記と商事留置権の対抗要件である占有の前後で，基本的に決せられるべきとの考えである。もっとも他に，商事留置権が劣後するとの見解や，2つの担保権は同一順位なので両者の被担保債権額に応じて売却代金を按分すべきとの見解も説かれている。

　こうした諸説濫立の状況であるにもかかわらず，立法的な解決は見送られた。平成29年商法改正で商事留置権については特段の対処は加えられていない。対処は判例・学説の解釈論に委ねられた格好だが，最判平29・12・14は不動産も商事留置権の目的物となり得る旨を判示したにとどまる。占有の要件に関する肯定説及び否定説並びに各説による具体的な結論について，最高裁は態度を示していない。商事留置権をめぐる諸説の濫立は，なお当分は続きそうである。

　のみならず商人間の留置権をめぐる近時の議論は，手形の割引や取立委任をめぐる銀行実務にも及ぶ。一方で銀行の融資先からの手形割引申込みに応ずるか否かを判断するために銀行が手形を預かり，他方で融資先が銀行取引停止処分を受けて貸付金債務について期限の利益を喪失し貸付金債権の弁済期が到来すると，商人間の留置権が成立する。貸付金債権を被担保債権として，銀行は割引手形を留置することができる。こうした状況で融資先が破産手続を開始し，破産管財人が満期前に手形の返還を請求した場合，銀行は商人間の留置権を主張して手形の返還を拒み得るか。この点について最判平10・7・14民集52巻5号1261頁は，商人間の留置権の留置的効力は破産手続開始決定後も存続すると判示した。

◆コラム──破産手続開始決定後における手形上の商事留置権の効力

　商事留置権の留置的効力が破産手続開始決定後も存続するか否かについては，存続を肯定する存続説と否定する消滅説が従前から対立していた。対立は現在も続く。最判平10・7・14民集52巻5号1261頁及びその後の法改正では，存続説が支持されているかのように見える。たとえば破産法192条は，本判決後の平成16年破産法改正により商事留置権の消滅制度を導入した。同条は存続説を前提としたかのようだが，消滅制度は，留置権の存続が破産手続の進行に障害となることを防止する趣旨であり，破産管財人に留置権の消滅請求を認めた制度とされる。それゆえ破産手続開始決定後も商事留置権の留置的効力が存続するか否かの

議論について，立法的決着を図った法改正とは必ずしも言い難い。

　もとより本判決が存続説を判示したのは事実である。ただし本件の事案では，消滅説に立つ場合でも，別除権からの立論により同様の結論を導き出すのは可能であった。銀行の有する商事留置権は破産手続開始により特別の先取特権とみなされ（破産 66 条 1 項），当該特別の先取特権は別除権とされる（破産 2 条 9 項）ので，別除権ならば破産手続によらないで行使できる（破産 65 条 1 項）からである。

　のみならず立論の適否を比較した場合，存続説よりも，消滅説から別除権へ展開する立論の方が適切な場合も想定される。たとえば別除権者が別除権行使を怠る場合である。この場合，破産法 184 条 2 項により破産管財人が換価権を行使し得る。しかしながら仮に存続説で立論した場合，商事留置権が消滅しないため，本件の銀行は破産管財人からの手形返還請求をいつまでも拒否し続けられることとなる。銀行の保護が行き過ぎると指摘される所以である。

　さらに言えば本件では，商事留置権を理由とする手形の返還拒絶を不法行為と主張する破産管財人が銀行に損害賠償を請求しており，不法行為の成否が本来的には吟味されるべき事案であった。そうだとすれば，本件ではもう一つの主要な論点，すなわち銀行取引約定書 4 条 4 項に基づいて銀行は取り立てた金員を弁済に充当し得るか否かこそが検討されるべき論点となる。

　同条項は，「貴行に対する債務を履行しなかった場合には，貴行の占有している私の動産，手形その他の有価証券は，貴行において取立または処分することができるものと」規定する。そして，その場合には，取立または処分による取得金から諸費用を差し引いた残額を，法定の順序にかかわらず債務の弁済に充当できることに同意する旨を定める。こうした同条項について本判決は，破産法 185 条 1 項にいう任意の処分方法との関係で，大要，次のように説示した。「一律に約定書 4 条 4 項を根拠として，直ちに破産法 185 条 1 項にいう任意の処分方法にて処分可能ということはできない。しかしながら本件の事案では，任意の処分方法と位置づけられる。なぜなら民事執行法上の実行方法と任意の処分方法は，いずれも手形交換制度という適正妥当な制度を利用する。そうであれば，本件の銀行が手形の適法な占有権原を有し，かつ特別の先取特権に基づく優先弁済権を有する場合には，銀行が自ら取り立てて弁済に充当し得る趣旨の約定には合理性が認められるからである。」

　このような判示から本判決は，本件で銀行が預かった手形の手形金を取り立て，手形金を被担保債権の弁済に充当したことに不法行為は成立しないと判断し，破産管財人による損害賠償請求を退けた。本判決の結論とのつながりに鑑みれば，

約定書4条4項に関する判示こそが本判決の判決理由（レイシオ・デシデンダイ）であり，商事留置権の留置的効力に関するそれは傍論とも言い得る。

　破産法192条の趣旨，本件事案に対して想定される消滅説＋別除権からの立論，さらには本判決の判決理由に照らすと，存続説を判示した本判決の論拠は必ずしも説得的ではない。存続説に関する判示に積極的な先例的意義を認め難いとすれば，当該判示については，破産法184条2項の適用がない限り，銀行は手形に関して，破産管財人からの返還請求を拒める旨を判示したものと限定的に捉えるべきこととなろう。

5　債務の履行

　債務の履行に関しては，引渡しの場所について商法は特別法を定める。民法484条1項によれば，別段の意思表示がないときは，特定物の引渡しは債権発生時に当該特定物が存在した場所，その他は債権者の現在の住所とされる。特定物以外については持参債務とする原則を定めた規定である。これに対し商法516条では，商行為によって生じた債務につき，特定物の引渡しは当該商行為の時に当該特定物が存在した場所，その他は債権者の現在の営業所（営業所がなければ当該債権者の住所）とされる。原則が持参債務である点は共通だが，例外となる特定物の引渡し場所について民法と商法は異なり，民法では債権発生時，商法では法律行為時にそれぞれ特定物の存在した場所が引渡しの場所である。

　引渡しの場所は運賃や保険料等の負担に結びつく。引渡しに至るまでの運賃や保険料，包装費用等は，別段の意思表示がなければ売主の負担となるのが原則である（民485条）。場所はこのようにして決められる。そして場所に関するこうしたルールにより，引渡しの場所が決せられるとともに，代金支払の場所も決せられる。持参債務が原則なので，売買においては目的物の引渡しは買主の営業所，代金の支払は売主の営業所が履行場所となる。目的物引渡しと代金支払が同時履行の場合，買主の営業所が代金支払場所となる（民574条）。

　引渡しの場所以外では，一般法たる民法のルールが適用される。まず引渡

しの時間について，平成 29 年改正前商法 520 条では，法令または慣習により商人の取引時間の定めがあるときは，その取引時間に限り，債務の履行をし，またはその履行の請求をすることができると規定していた。引渡しは取引時間内にすべきとのルールである。もっともこのルールは広く取引一般に妥当する。そこで平成 29 年改正では，同旨の規定を民法 484 条 2 項として追加するとともに，改正前の商法 520 条を削除した。こうした改正により，ルールの実質は変わらないが，特別法でなく一般法のルールが適用されることとなった。

　消滅時効も同様である。平成 29 年改正前商法 522 条では，商行為によって生じた債権の消滅時効は原則として 5 年である旨を定めていた。また平成 29 年改正前民法 167 条では，債権一般の消滅時効が原則として 10 年である旨を定めていた。これに対し改正後の民法は，債権者が権利を行使することができることを知ったときから 5 年，権利を行使することができるときから 10 年で，それぞれ消滅時効となるのが原則である旨を定める（民 166 条 1 項）。主観的起算点から 5 年，客観的起算点から 10 年という二元的な時効の仕組みが設けられるとともに，平成 29 年商法改正により従前の商法 522 条が削除された。そのため商行為によって生じた債権も，消滅時効については一般法のルールが適用されることとなった。

　消滅時効について民事と商事の区別が廃止されたのは，10 年と 5 年という時効期間の差異を合理的に説明するのが困難だからである。たとえば金融機関から貸付を受ける場合，貸付債権の債権者が銀行の場合と農業協同組合や信用金庫である場合を比べると，少なくとも経済的にはほとんど相違がない。それにもかかわらず民事時効と商事時効の区別を維持するのは適切でないと考えられたため，区別を廃止するべく，民法にルールが一本化された。

6 債務者・保証人の連帯

⑴ 多数債務者間の連帯

　商取引においては信用利用が一般的であり，目的物の引渡しと代金の支払にはタイムラグがある。代金支払の見通しに基づいた目的物の販売となるため，見通しに反して弁済を受けられないリスクを売主は抱える。こうしたリスクへの対処は，同時履行ならば容易である。代金支払のない限り目的物の引渡しを拒めば足りるからである。しかしながら同時履行では取引量の拡大が図れず，利益の最大化もかなわない。利益追求の観点に立てば，取引量の増大を図るべく取引に信用を利用しつつ，同時履行以外の方策でリスクに対処する必要がある。弁済を受けられないリスクへの対処なので，弁済の確実性向上がリスク対応策の基本となる。確実性向上を目的とする規定の一つが商法511条である。

　民法では債務者が複数の場合，別段の意思表示がなければ，各債務者はそれぞれ等しい割合で義務を負う（民427条）。これに対し商法では，数人の者がその1人または全員のために商行為となる行為によって債務を負担したときは，その債務は連帯債務となる（商511条1項）。商行為が要件の一つであり，連帯債務が効果となる点に，商取引における弁済の確実性向上という制度趣旨が反映された規定である。

　もとより民法427条と比べ商法511条1項は債務者の責任を加重する。債務者を不利とするので，条文によれば，債務者の債務負担行為が商行為であることが要件とされ，債務者自身が信用利用の一般的な商取引であることを認識し得る状況が想定されている。換言すれば債務者が認識し得ないような取引，すなわち債権者にとってのみ商行為であり債務者にとっては商行為でない取引については，商法511条1項は適用されない。

　連帯債務となるのは商行為となる行為による債務である。商行為によって直接的に生じた債務にとどまらず，直接的に生じた債務と同一性を有する債務を含む。債務不履行に基づく損害賠償債務や原状回復債務等が同一性を有

する債務に該当する。また商行為には商法501条の絶対的商行為および商法502条の営業的商行為のみならず，商法503条の附属的商行為も含まれる（会社ならば附属的商行為を定める条文は商法503条ではなく会社法5条である）。そうだとすれば，列挙規定による絶対的商行為および営業的商行為とは異なり，列挙規定の形式をとらない附属的商行為については，商法503条の捉え方次第で債務負担の連帯または平等を左右し得ることになる。

◆コラム──組合への商法511条1項の適用：ジョイントベンチャーの場合══

附属的商行為概念を駆使して債務負担を連帯へと展開する立論に関連するのが，民法における議論である。そこでは，分割債務では債権の効力が弱すぎるとの批判や，連帯債務の発生を拡大すべきとの考えも有力に唱えられた。こうした考えを反映させやすいのが商法503条の附属的商行為である。形式的には民法が適用され債務負担は平等と解する余地のある事案において，連帯債務と捉えるべきとする考慮を反映させるため，附属的商行為概念が活用されるようになる。

活用例の典型は共同企業体（ジョイントベンチャー）である。大規模な建設工事で多く見られ，工事に必要な資金の調達容易化，工事不首尾に伴う危険の分散，工事技術の積極的活用，施工の確実性向上等を目的に，複数の建築会社が構成員となって共同企業体を結成する。工事全体を構成員全員が共同する形態もあれば，受注のみが共同で施行は各構成員が独立して行う形態もある。いずれの形態であれ，建築工事を行う以上，資金や人員，機械等の拠出を伴う点は異ならない。

こうした共同企業体の法的性格は組合である（民667条）。2名以上の構成員が，出資として資金，人員および機械等を拠出し，大規模建設工事という共同の事業を営むからである。組合の債権者は，組合財産のみならず組合員個人に対しても無限責任を追及できる。それでは組合員相互の損失分担はどのような割合か。この点については民法675条2項が規定する。損失分担の割合決定は，組合員相互の合意を軸とする。債権発生時に組合員相互の合意を組合債権者が知っていたならば，組合債権者は当該合意の割合で各組合員に対して権利を行使する。これに対し債権発生時は組合員相互の合意を知らなかったが，その後に合意を知ったならば，組合債権者は自らが知った合意の割合で権利行使することができるし，または等しい割合で権利を行使することができる。

このルールによると，たとえば組合員が2名で損失が10の場合，平等な割合なら5：5となる。合意次第で10：0から0：10まで損失分担の割合は異なるが，連帯債務のように2名とも10の損失を負担することはない。建設工事の共同企業体

の構成員が負担する損失について，民法675条2項に従う限り，損失は分担されるべきであり，連帯して負担されるべきではないとの結論に帰着する。

　しかしながら最高裁は，附属的商行為概念を駆使してこの結論を覆す。最判平10・4・14民集52巻3号813頁である。以下に判示を抜粋する。「共同企業体は，基本的には民法上の組合の性質を有するものであり，共同企業体の債務については，共同企業体の財産がその引き当てになるとともに，各構成員がその固有の財産をもって弁済すべき債務を負うと解されるところ，共同企業体の構成員が会社である場合には，会社が共同企業体を結成してその構成員として共同企業体の事業を行う行為は，会社の営業のためにする行為（附属的商行為）にほかならず，共同企業体がその事業のために第三者に対して負担した債務につき構成員が負う債務は，構成員である会社にとって自らの商行為により負担した債務というべきものである。したがって，右の場合には，共同企業体の各構成員は，共同企業体がその事業のために第三者に対して負担した債務につき，商法511条1項により連帯債務を負うと解するのが相当である。」

　判示の特徴の一つは，抜粋部分の冒頭に記したように，共同企業体は民法上の組合であると明言しつつ，各構成員が会社である点に着目して附属的商行為に言及し商法511条1項へと立論を展開させる点である。これに対し，民法675条2項には言及していない。1個の組合の存在を所与として民法675条2項へ展開する立論もあり得たはずだが，そのような立論はとらない。判示の理解によれば，組合たる共同企業体において民法675条2項はどのように扱われるのかをはじめ，なお検討の要する課題が残されているように見受けられる。ただし，最高裁はこうした課題を認識しながら本判決を言い渡したとも考えられる。そうだとすれば検討されるべきは，本コラム冒頭に記した民法における議論に存する。すなわち，分割債務では債権の効力がどのように弱すぎるのか，連帯債務の発生はどこまで拡大されるべきかが課題となる。

(2)　保証人の連帯

　民法上の保証では，特約により連帯保証とする場合（民454条）を除き，催告の抗弁（民452条），検索の抗弁（民453条）および分別の利益（民456条）が認められるのが原則である。保証人は従たる債務者であり，各保証人の負担は平等との理解である。これに対し商法では，保証は連帯である。債務が主たる債務者の商行為によって生じた場合，または保証が商行為である場合は，

主たる債務者および保証人が各別に債務を負担したときでも，各自は連帯債務を負担する（商511条2項）。

　特約がなくとも連帯債務となる点で，商法511条2項は民法454条の特別法と位置づけられる。特別法の制度趣旨は，多数債務者間の債務が商法では連帯とされるのと同様に，商取引における弁済の確実性を向上させ，信用の利用に資する点に存する。債権者のこうした利益のために設けられた特別法なので，債権者が当該利益を自ら放棄するべく，連帯債務としない特約は可能と解されている。他方で，こうした利益を強固にするべく，数人の保証人が各別に保証した場合に，保証人と主債務者間のみならず，保証人相互間にも連帯関係が生ずるとされる（大判昭12・3・10新聞4118号10頁）。

　商法511条2項では選択的な要件2つが規定されている。一つは主たる債務者の商行為によって生じた債務を保証人が保証したことである。主たる債務者にとって商行為なので，信用利用が一般的な商取引にあっては，弁済の確実性が高められて当然と主たる債務者自身が認識する状況である。主たる債務者のこのような債務を保証するのであれば，保証人自身が，保証債務もまた弁済の確実性向上に寄与すべきと認識し得ると考えられることから定められた要件である。

　反対に，信用利用に資するための弁済の確実性向上を主たる債務者自身が認識し得ず，それゆえ保証人も認識し得ない状況では，主たる債務者と保証人間に連帯関係を想定すべき事情を欠く。具体的には債権者にとってのみ商行為で，主たる債務者および保証人のいずれにも商行為でないケースである。消費者が会社から商品を購入した代金を友人が保証するようなケースが典型となる。このようなケースでは，商法511条2項は適用されるべきでなく，民法上の保証として対処される。

　もう一つの要件は，保証行為が商行為であることである。保証人として保証すること自体が商行為であり，銀行の顧客のために銀行が保証を行う場合が具体例となる。この場合，銀行による保証は銀行の営業のためにする行為であり，附属的商行為と捉えられる。こうした捉え方に従えば，一般事業会社が他人の債務を保証することも附属的商行為に該当し，商法511条2項の適用対象となる（大判昭6・10・3民集10巻851頁）。

銀行自身が保証する行為が附属的商行為だとすれば，銀行が保証させる行為はどうか。附属的商行為に該当するか否かは，商法 503 条 1 項によれば営業のためにする行為か否かで判断される。判例は商人でない者に保証人になってもらう行為を附属的商行為と判断した（大判昭 14・12・27 民集 18 巻 1681 頁）。弁済の確実性向上に資すると捉えるなら，附属的商行為に該当すると考えられなくもない。

しかしながら学説は反対する。判決の事案は，会社が雇用した従業員の身元保証人 2 名について，従業員が会社の金銭を着服して会社に損害を与えたため，商人でない身元保証人 2 名による保証が商行為か否かが問われた。こうした事案において，催告の抗弁や検索の抗弁を排して連帯債務を認めるべきか。商人でない 2 名の身元保証人は，商取引の信用を高めるべく，催告の抗弁や検索の抗弁をもたず，それゆえ民法上の保証人よりも自己に不利となる連帯保証債務を負担するとの認識を有していたか。身元保証一般の事案ならば民法上の保証として扱われるべきと解される。こうした理由から学説は判例に反対し，附属的商行為の拡張に歯止めをかける。

7　商行為の営利性

(1)　商人の報酬請求権

商的色彩として記したように，一般に商行為は営利性を有する。商人の行為には営利性を伴うともいい得る。商法 512 条が規定する商人の報酬請求権は，このような営利性に起因する。同条の「他人のために行為をした」という文言が意味する典型例は，商人が委任の受任者となっている状況である。民法によれば委任は無償が原則とされる（民 648 条 1 項）が，報酬請求権を規定して有償性を原則とする商法 512 条は，こうした一般法に対する特別法である。もっとも民法 648 条 1 項のみならず商法 512 条も，原則に対する例外を特約で定めることは可能である。

報酬請求の名宛人と商人との契約は，明示のみならず黙示でもよい（最判

昭43・4・2民集22巻4号803頁）。「他人のために行為をした」のであれば，委任でなく事務管理でも構わない（最判昭44・6・26民集23巻7号1264頁）。他人からの委託がなく，事務管理として当該他人のためにする意思で行為をした場合にも行為者たる商人に報酬請求権が認められると，報酬請求権の有無は商人の意思次第となり，当該相手方は不安定な立場となる。そのため「他人のためにする意思」は客観的でなければならない（最判昭50・12・26民集29巻11号1890頁）。客観性の有無は，他人のためにする商人の意思を，当該他人が認識し得るものであったことや，当該他人が承認していたこと等の事情から判断される。

(2) 商人の利息請求権

商行為の営利性は利息にも及ぶ。商法513条は，1項で商人間の金銭消費貸借，2項では商人による立替払いについて，いずれも法定利息を請求し得る旨を定める。消費貸借について，民法では特約がなければ利息請求は認められず（民589条1項），原則無償・例外有償を規定するのと比較した場合，商法589条1項は原則と例外を逆にした特別法と捉えられる。

立替払いに関する商法513条2項は，「他人のために」という文言を含む。この文言について，民法では委任の場合に費用および利息の償還請求を認める（民650条1項）。しかしながら事務管理では，費用の償還請求は認められる（民702条1項）ものの，利息については規定がない。商法513条2項は，事務管理に該当する場合でも管理者たる商人に法定利息の請求を認める点で，一般法に対する特別法となる。

法定利息については民法404条が規定する。同条2項で法定利率を3％と定め，その後3年ごとに法定利率を見直す旨を同条3項が定める。かつて法定利率は商事が6％，民事が5％とされていたが，平成29年の商法および民法の改正により，民事と商事の区別を廃し，3％で統一するとともに，緩やかな変動制が採用された。

8 商行為の代理・委任

(1) 商行為の代理

① 民法の顕名主義　　民法では代理行為の成立に，実質的要素として代理権授受，形式的要素として代理意思の表示が要求される（民99条1項）。代理権授受は本人と代理人間の代理権授受契約に基づいて行われる。代理意思の表示とは，民法99条1項の条文によれば「本人のためにすることを示」すこととされる。代理意思の表示を要求する考え方は顕名主義と呼ばれる。もっとも「本人のために」とは，本人に効果を帰属させようとする代理人の意思であり，本人に利益を得させようとする意思ではない。

顕名主義を満たさないとき，代理人による意思表示は，相手方との関係では代理人自身のためにしたものとみなされる（民100条本文）。ただし相手方が代理意思について悪意または過失のある場合，すなわち代理意思を知り，または知ることができた場合は，代理人による意思表示は本人に対して直接にその効力を生ずる（民100条但書）。この場合，本人が直接に相手方に対し，自己に効果が帰属する旨を主張できる。実質的要素としての代理権授受が満たされる以上，顕名主義に反して代理意思が表示されずとも，代理意思について悪意または過失のあった相手方との関係では，顕名主義に従ったときと同様の効果を認めても不合理ではない。

民法100条但書が定めるように，顕名主義に従っていなくとも，本人に対して直接に意思表示の効力発生を認めるという代理の法律関係が成立しないわけではない。当該行為が無効となるわけでもなければ，顕名がないだけで代理権授受はある以上，無権代理となるわけでもない。相手方に悪意または過失があれば顕名がなくとも代理の法律関係が発生する点で，顕名主義はそれほど厳格な考え方ではない。

② 商法の非顕名主義　　これに対し，商法の態度は非顕名主義と呼ばれる。商法504条本文は，商行為の代理人が本人のためにすることを示さないで当該商行為をした場合であっても，当該商行為は，本人に対して当該商

107

行為の効力を生ずる旨を規定する。代理意思の表示を欠くので顕名主義に適っていないが，代理の法律関係の成立を認めるこうした考え方は，非顕名主義と呼ばれる。そして民法の顕名主義と異なり商法は非顕名主義をとるとして，一般法と特別法の関係があるといわれる。

　もっとも民法 100 条但書が規定するように，民法の顕名主義はそれほど厳格ではない。それゆえ，顕名主義と非顕名主義の 2 つを単に指摘するのみで一般法と特別法の関係が必要十分に明らかとなるわけではない。要件・効果の観点から民法 100 条但書と商法 504 条本文を眺めると，いずれも本人に対して効力を生ずる点で効果は同じなので，両者の相違は要件に求められる。両者の要件を比べると，民法 100 条但書では特に言及されていないが，商法 504 条本文では行為が商行為に限定されている。

　もっとも商法 504 条本文は，代理意思を表示せずに商行為「をした場合であっても」と規定する。代理意思を表示した場合および表示しない場合の両方を含む規定である。商行為であっても代理意思を表示したならば本人に対して効力を生ずるとのルールは，民法 99 条 1 項と変わらない。広く行為一般に関する民法 99 条 1 項のルールが商行為にも当てはまる旨が示唆されている。見方を変えれば，商法 504 条本文は顕名主義を排除しておらず，むしろ包含すると解される。

　それでは代理意思を表示しなかったならばどうか。商法 504 条の本文は，本人に対して効力を生ずる旨を定めるが，同条の但書は，代理意思について相手方が善意ならば代理人に対して履行の請求ができる旨を定める。代理意思の表示がない場合における民法のルールは民法 100 条である。同条は本文で，意思表示は代理人自身のためとみなす旨を定め，但書では代理意思について相手方に悪意または過失があれば，意思表示は本人のためとみなされる旨を定める。

　こうした民法 100 条の本文と但書の両者は，相互に排他的な関係と解される。民法 100 条但書を反対解釈したルールが民法 100 条本文のルールである。ところで民法 100 条但書を反対解釈した場合，代理意思の表示がなく，代理人の代理意思について相手方が善意かつ無過失ならば，意思表示は代理人自身に効力を生ずる（ド・モルガンの法則によると，悪意または過失の否定は善意か

つ無過失となる点に注意されたい)。そうだとすると民法 100 条但書の反対解釈から推論される民法 100 条本文の要件と商法 504 条但書の要件との相違は,それほど大きくない。前者では善意かつ無過失が要求されるのに対し,後者では善意が要求されるに過ぎず,過失の有無が問われないからである。

　商行為の代理について,一般的理解としては「民法は顕名主義,商法は非顕名主義」といわれてきた。著しい違いのようだが,具体的な相違点は,代理意思の表示がない場合における代理人の意思表示が代理人自身に効力を生ずるために必要となる相手方の主観的要件の相違である。民法では相手方の善意かつ無過失が要件となるが,商法では善意のみで足りる。条文に照らす限り,他に相違は見受けられない。「民法は顕名主義,商法は非顕名主義」との理解は,民法 99 条 1 項と商法 504 条本文を対比する限りでは,必ずしも間違いではない。しかしながら本文と但書も含め商法 504 条を特別法と捉えるべく,同条に対応する一般法を求めるなら,代理意思の表示がない場合における民法のルールを求めることになる。一般法と捉えるべきは,民法 99 条 1 項よりもむしろ民法 100 条であり,民法 99 条 1 項は民法 100 条但書の効果として準用されるにとどまる。

③ 商法 504 条但書の効果

　なお代理意思の表示がない場合について,商法 504 条但書は,代理人に対して履行の請求をすることを妨げないとの効果を定める。民法 100 条本文が,相手方が代理意思について善意かつ無過失の場合に,代理人のした意思表示は代理人自身のためにしたものとみなす旨の効果を規定するのに対し,商法 504 条但書の効果に関する規定ぶりが特徴的に見受けられる。それゆえ民法 100 条但書を反対解釈して推論される民法 100 条本文と商法 504 条但書の関係が改めて問われる。2 つのルールは要件の相違にとどまるか,効果にも相違が及ぶか,効果の相違があるとすればどのような相違かという論点である。

　もとより商法 504 条但書は,民法 100 条本文が要件として代理意思に関する相手方の善意かつ無過失を要求するのに対し,商法 504 条但書は善意のみで足りる。過失を不問とする点で要件を緩和する以上に,効果について,商法 504 条但書は民法 100 条本文の効果を緩和すべきか否かの問題が,「代理人に対して履行の請求をすることを妨げない」との文言に内包されている。商

行為の代理における相手方に対し，どれだけ保護を厚くするかの問題である。見方を変えれば，民法100条本文を過失不問として修正したルールでは，どのように保護が薄いのかという問題ともいい得る。

　法的価値判断を伴うので解答は容易でないが，時系列に照らすと，相手方保護としては，行為の時点における相手方の認識が実現すれば足り，それ以上に保護しようとすれば，相応の説得的理由が必要となる。とりわけ法律行為の効果は行為の時点で決せられるべきとする法律行為の原理・原則論に照らすと，吟味されるべきは法律行為の時点であり，またその後の時点は基本的に問題とされるべきではない。相手方保護のために行為の効果が行為の時点ではなく行為後に決せられるとすれば，法律行為一般に要求される法的安定性に影響する。いわんや簡易・迅速を要求する商取引おやである。

　それでは法律行為の時点で相手方はどのような認識か。商法504条但書が想定するのは，本人Xは代理人Aに代理権を授与し，Aは代理意思を有しているものの，代理意思は表示されておらず，相手方YはAの代理意思について善意の状況である。具体的な事実認定次第となろうが，代理意思が表示されていない状況では，YはXの存在を認識し得ず，相手方の立場からすれば自己の相手方となるのはAしか想定し得ないケースが考えられる。このケースでYを保護しようとすれば，Aに対する請求を認めれば足りる。取引時に認識していなかったXに対する請求を認めるべき理由はない。

　他に，YがXの存在を認識し得ないケースでなく，Xに関心を寄せないケースもあり得る。Aが売るというモノを買おうとするYは，要は当該モノを買うのであり，代金も面前のAに払えば足りると取引時に認識しているようなケースである。商取引が個性喪失を特徴とする以上，売買目的物には関心を寄せるが，別に記す問屋営業のように，買主が売主に関心を寄せないケースも考えられる。ただしそのようなケースであっても，YがAの代理意思について善意の状況を想定するので，Aに対する請求を認めればYの保護に過不足はない。

110

◆コラム──商法 504 条のリーディング・ケース

　本文に記した本人 X，代理人 A および相手方 Y は，商法 504 条のリーディング・ケースたる最判昭 43・4・24 民集 22 巻 4 号 1043 頁を念頭に置いたものである。この事件では金融業者たる X が貸付先に対する貸金債権の担保として，貸付先が保有していた毛糸を譲渡担保に取っていた。貸付先の倒産により X は，毛糸を換価処分するべく，貸付先の代表者 A に売却を依頼し，A は Y に毛糸を売却した。売却の際に A は，X の代理人であることを Y に示しておらず，また A の代理行為が X のためであることを Y が知り，または知ることができたという事情もなかった。X が Y に対し毛糸の売掛代金を請求したのに対し，最高裁は大要，以下のように判示して請求を退けた。

　①　民法は顕名主義を採用する（民 99 条 1 項）が，商法は顕名主義に対する例外を認める（商 504 条本文）。商取引においては，いちいち本人の名を示すことは煩雑であり，相手方においてもその取引が営業主のためされたものであることを知っている場合が多く，簡易，迅速を期する便宜のための例外である。

　②　非顕名主義を徹底させると，相手方が本人のためにすることを知らなかった場合に，代理人を本人と信じて取引をした相手方に不測の損害を及ぼすおそれがある。こうした場合の相手方を保護するため，商法 504 条但書が規定されている。同条但書は善意の相手方を保護する趣旨であるが，過失により代理意思を知らなかった相手方までも保護する必要はない。

　③　商法 504 条但書が代理人に対して履行の請求を妨げないとする趣旨は，本人と相手方との間には商法 504 条本文により代理に基づく法律関係が生じているが，相手方において，代理人が本人のためにすることを知らなかったとき（過失により知らなかったときを除く）は，相手方保護のため，相手方と代理人との間にも同一の法律関係が生ずるとし，相手方はその選択に従い，本人との法律関係を否定し，代理人との法律関係を主張することを許容したと解するのが相当である。

　④　相手方が代理人との法律関係を主張したときは，本人はもはや相手方に対し，本人と相手方間の法律関係の存在を主張できない。もとより相手方が代理人に対し，代理人との法律関係を主張するには，相手方において，本人のためにすることを知らなかったことを主張・立証する必要がある。また代理人において，相手方が本人のためにすることを過失により知らなかったことを主張・立証したときは，代理人はその責任を免れる。

　以上のうち，①では民法 99 条 1 項は顕名主義，商法 504 条本文は非顕名主義として，両者が対照的に把握されている。ただし商法 504 条を特別法とする一般法

が民法 100 条である旨は本文に記した通りである。

　②では商法 504 条但書は相手方保護を目的とする旨に言及する。ただし保護される相手方について，②では善意のみならず無過失も要求するように見受けられる。③および④についても同様なので，本判決は，商法 504 条但書の要件は善意のみならず無過失も求められると解釈したことになる。そうだとすれば解釈後の商法 504 条但書の要件は，民法 100 条本文のそれと同様となる。その場合，民法 100 条本文と商法 504 条但書に一般法と特別法の関係を認めようとすれば，要件は同じなので，効果に相違を求めることになる。効果に関する③以下の説示に首尾良く続きそうだが，本判決は商法 504 条但書を同条本文により不測の損害を被りかねない相手方を保護する旨の規定と捉えるにとどまる。民法 100 条本文との関係に言及していないため，③の特徴的な説示が民法 100 条本文に対する特別法として捉えきれない。

　③の特徴的な説示は，そのまま批判に結びつく。1 個の法律行為でなぜ複数の法律関係が同時に発生するのか。複数の法律関係の選択権が発生するのはなぜか。複数法律関係の発生時と選択権の行使時にタイムラグが存することになり，法律行為の効果が行為の時点で決せられないのではないか。③にはこうした指摘がなされ得る。本判決は現在の多数説でもあるが，あまりにも便宜論であり，しかも妥当な結論を導くものでもないと批判される所以である。

(2)　商行為の委任

　商法 505 条は商行為の委任について定める。商行為の受任者は，委任の本旨に反しない範囲内において，委任を受けていない行為をすることができるとの規定である。商法典で規定される以上，素朴に考えれば，この規定は一般法に対する特別法と解される。そして特別法としての意義を有するには，一般法たる民法では，委任の本旨に反しない範囲内であっても，委任を受けていない行為をなし得ない旨が規定されていなければならない。

　それでは，商法 505 条と委任一般に関する民法 644 条を比べると，どのような相違があるか。民法 644 条では，受任者は委任の本旨に従い善管注意義務を負う旨が定められている。善良な管理者としての注意は委任の本旨に従うべきとの規定であるが，受任者のなし得る行為の範囲を限定する規定ではない。もとより受任者のなし得る行為の範囲については，委任の本旨がその

点を示唆するのみで，特に範囲を限定する規定は民法で見当たらない。それゆえ商法505条については，民法とは異なるルールではない。民法のルールを商法でも注意的に定めた条文と解されている。

　これに対し商法506条は民法とは異なる内容を定めた条文である。商行為の委任による代理権は本人の死亡によっては消滅しないと定める同条は，本人の死亡によって代理権が消滅する旨を定める民法111条1項1号の例外となるからである。例外が設けられるべき理由については，商行為の代理人は永続的な企業組織の一員として位置づけられるので，本人が死亡しても営業活動を継続することが合理的と考えられるからである。

　見方を変えれば，非商人による絶対的商行為の代理人のように，企業組織の一員と捉えがたい商行為の代理人であれば，商法506条の商行為に含まれない。同条が定める商行為の委任による代理権とは，商業使用人の選任のように，営業のためにする行為として附属的商行為となる授権行為により与えられた代理権を意味する（大判昭13・8・1民集17巻1597頁）。もっとも委任による代理権と規定されているが，雇用（民623条）や組合（民667条）による代理権授与も含むと解されている。

■ 第 2 章 ■
売　買

1　概　要

　商法では売買について商法 524 条から商法 528 条の 5 箇条を定める。いずれも商人間の売買に関する条文である。この点で一般法たる民法の売買に関するルールの特別法となる。特別法たる商法が 5 箇条のみを設けるに過ぎないのは，主に 2 つの理由による。一つは売買に関する民法のルール（民 555 条以下）が詳細であり，しかも歴史的に民法の商化と呼ばれる現象を反映したルールなので，民法のルールが商人間の売買にも妥当し，商法が詳細なルールを設ける必要がない点である。

　民法の商化は，典型的には債権の譲渡性に現れる。一般市民の日常生活に限れば，たとえば友人間における金銭の貸し借りのような場合，貸金債権の譲渡性を想定しないルールも理屈ではあり得る。譲渡禁止を基本とした場合，貸金債権を譲り受けた貸金業者からの厳しい取立てに借主たる友人が苦しむ事態は，未然に防げる。しかしながら現行民法はそのような考えをとらない。契約自由の原則を基礎に，法的ルールとしては譲渡性を認めるとともに，友人の窮地を未然に防ぎたいなら貸金債権の譲渡禁止を友人間で合意すれば足りるとの考えである。この考えは，法的ルールとしては債権の譲渡性を認めているので，売掛債権を譲渡して弁済期前に現金を入手したい商人のニーズにも適う。このように商人間の取引にも民法のルールが妥当するので，商法自体は商人間の売買に詳細な規定を設けなくともよい。

　もう一つは商法が詳細な規定を設けると，かえって取引の自由を阻害すると懸念される点である。商法の規定は，基本的にすべての事業を適用対象とする。個別の事業ごとに適切な規律を設けようとすれば，約款をはじめとし

た個別ルールでの対処が合理的であり，全事業横断的なルールを詳細に規定すれば，かえって自由な取引を阻害しかねない。こうした考慮を踏まえると，商人間の売買について商法は限定的・抑制的な規律を指向することとなる。

　２つの理由で５箇条のみの規定であるが，もとより任意規定なので，特約や商慣習があればそれに従う。ただし，いずれも商人間の売買に関する規定であり，売買の両当事者が商人たることを要件とする。したがって双方の商人にとって営業行為または営業のためにする行為となり，双方にとって商行為（双方的商行為）となる。これに対し商法典自体の適用は，商法３条１項により，当事者の一方にとって商行為（一方的商行為）であるのみで双方に商法典が適用される。商法典自体の適用と比べ，商法典の売買に関する５箇条は，適用対象が絞り込まれることとなる。

　商人間のみに適用され，適用対象たる双方の商人は営業活動として仕入れと販売を反復・継続する。売主および買主のいずれの立場にもなり，その意味で立場の互換性がある点は，たとえば消費者が常に買主となることを想定する消費者法と比べ，商人間の売買に関する法制度の特徴である。５箇条には民法による規律と比べて売主の権利を厚くし買主の負担を重くする点が見受けられるが，売主と買主の互換性を前提とすれば，特定の商人にとって有利・不利のみが生ずることはない。

2 　売主による目的物の供託・競売

　民法による規律と比べて売主の権利を手厚くする点は，まず目的物の供託・競売に関する商法524条で見受けられる。目的物の供託は債権を消滅させる効果を有する（民494条1項柱書後段）。売主の供託により買主の目的物引渡債権が消滅し，供託後は売主の代金債権のみが残る。こうした効果を有する供託が認められるのは，以下の３つの場合である（民494条1項・2項）。①債権者たる買主が目的物の受領を拒んだとき。②債権者が弁済を受領できないとき。③弁済者たる売主が債権者を確知できないとき（ただし弁済者の過失により債権者を確知できないときはこの限りでない）。これら３つの供託事由によ

り供託をした者は，遅滞なく債権者に供託の通知をしなければならない（民495条3項）。

　供託に関するこうした民法のルールは，商法524条においても基本的に同様である。平成29年民法改正により，民法494条1項1号に「弁済の提供をした場合において」との文言が挿入され，供託前の弁済提供が供託の要件となったので，商法524条1項前段と比べて要件が加重されたように見える。しかしながら供託前の弁済提供について，具体的な対応は改正前の実務と変わらない。すなわち改正前の実務対応として，まず口頭の提供を行い，口頭の提供をしても債権者が受領しないことが明らかな場合には，弁済の提供をしなくとも供託できるとされてきた。こうした実務対応が改正後も維持されるので，改正による文言挿入にもかかわらず実務に変化はなく，民法494条1項1号の「弁済の提供をした場合において」との文言は，供託の要件を特に加重するわけではない。

　これに対し競売については，商法は民法よりも売主に有利な扱いを定める。民法497条では以下の4つの場合に裁判所の許可を得た上で競売を認める。④目的物が供託に適しないとき。⑤目的物について滅失，損傷その他の事由による価格の低落のおそれがあるとき。⑥目的物の保存に過分の費用を要するとき。⑦目的物の供託が困難な事情があるとき。これらの場合に認められる競売の効果は，競売代金の供託である。目的物を競売しても売主は競売代金を売買代金に充当できず，目的物に代えて競売代金が供託され，売買代金への充当は供託後の手続となる扱いである。

　しかしながら商法は売主の権利を厚くする。商法524条が定める競売の要件については，売主の権利保護の手厚さはおよそ4つの点で見受けられる。第1に，供託との関係がある。民法では供託を軸に，目的物に代えて金銭を供託するべく競売が行われるのに対し，商法では供託と競売が選択的な位置づけとなる。売主が供託をした後に，供託を取り消して競売することができる。反対に競売の手続に取りかかった後に，競売の申立てをしないで供託することもできる。第2に，商法では競売に際し，裁判所の許可を必要としない。競売したい売主にとっては手続負担の顕著な軽減となる。

　第3に，供託事由の①および②について，商法524条1項前段によれば，競

売前に相当の期間を定めて催告する必要はあるが，①および②はそのまま競売事由となる。①および②は供託事由であるが競売事由ではないとする民法の扱いとの相違である。第4に，商法524条1項前段の競売事由①および②について，目的物が損傷その他の事由による価格の低落のおそれがある物ならば，相当の期間を定めた催告も要しない（商524条2項）。競売の要件が一層緩和されている。

　競売の要件に関するこうした緩和のみならず，競売の効果についても商法では売主の保護を厚くする。商法524条3項本文は，競売代価を供託すべき旨を定める。この点は民法497条柱書と異ならない。しかしながら商法524条3項但書は，競売代価の全部または一部を売買代金に充当することを許す。競売後に売買代金へ充当する手続を不要とする点で，代金債権回収の迅速性・確実性を高める規定である。

3　確定期売買の解除

　売買の性質または当事者の意思表示により，特定の日時または一定の期間内に履行しなければ契約の目的を達成できない売買を確定期売買という（商525条参照）。定期売買とも呼ばれる。クリスマス，正月，節分等のグッズの売買が典型である。クリスマス用品であれば，小売業者はクリスマスまでに販売できるよう，仕入れるべき一定の期間内に卸売業者から納品を受けなければ，仕入れの目的を達成できない。それにもかかわらず卸売業者が納品しないまま期間を徒過した場合，契約を解除する必要が生ずる。こうした解除について，民法による対処と商人間の売買として商法の定める対処では相違がある。

　①民法の双務契約一般では，当事者の一方が履行遅滞に陥っているとき，相手方が相当の期間を定めて履行を催告し，当該期間内に履行がされないときは，相手方は契約を解除することができる（民541条本文。平成29年民法改正により債務不履行が軽微な場合の例外規定が民法541条但書として追加されたが，同条本文のルールは改正の前後で変わらない）。これに対し，②民法の確定期売買

については民法542条1項4号が規定する。契約の性質または当事者の意思表示により，特定の日時または一定の期間内に履行しなければ契約の目的を達成できない場合において，債務者が履行をしないで当該時期を経過したとき，債権者は催告をすることなく，直ちに契約を解除できる。確定期売買ならば催告不要となる点で，双務契約一般と比べて解除が容易となっている。ただし解除の意思表示は必要である（民540条）。

　民法が定めるこうしたルールに対し，③商人間の確定期売買に関する商法525条では解除の意思表示も不要となる。一定の時期の経過後に買主たる相手方が直ちに履行の請求をしない限り，当該時期の経過により当然に契約は解除されたものとみなされる。①乃至③のルール3つは，いずれも解除の効果が原状回復たる点は変わらない（民545条1項）。それゆえ3つのルールの相違は要件に存するとともに，売主や買主の利害関係およびその調整が要件に反映されることになる。

　①と②の相違は催告の要否である。②は催告不要なので①よりも解除の要件が著しく緩和されたように見えるが，①が双務契約一般なのに対し②が確定期売買であれば，当然の相違となる。履行遅延の確定期売買を解除する前提として履行の催告を求めることは，すでに一定の時期を経過した後に解除に至るまでの時間をさらに徒過させるに過ぎず，催告を求めること自体が確定期売買では無意味だからである。

　②と③の相違は意思表示の要否である。②では履行遅延の確定期売買を解除するには，解除の意思表示が必要となる。換言すれば買主が解除の意思表示をしない限り，確定期売買の契約は有効に維持される。これに対し③では，買主が売主に対し直ちに履行請求しない限り契約は当然に解除されたものとみなされる。②と③のこうした相違は，商取引の迅速性の要請と契約当事者の利益保護に基づく。

　②で売主の目的物引渡しが遅延した場合に催告なしで解除が認められるのは，買主の利益保護が目的と解される。もっとも②の解除は，履行遅延により直ちにできるが，直ちにでなく時間を空けた解除も可能である（民法547条により，解除するか否かを確答すべき旨の催告をするために相当の期間が定められるので，相当の期間内ならば時間を空けた解除が可能となる）。買主は，目的物の価

118

格が上昇するなら契約の維持を理由に履行を求め，引渡しを受けた後に転売して利益を得る。反対に目的物の価格が下落するなら，解除権を行使し，価格の下落した商品の在庫を抱える事態を未然に防ぐ。その意味で②は，売主のリスク負担により買主が投機できる状況を招く。売主の立場では，自己の履行遅延により，買主からの解除と履行請求の両方に備えなければならない。

これに対し③は，履行遅延後に買主が履行請求できるのは，履行遅延後「直ちに」の時期に限られる。この時期を経過すると買主は履行請求できず，すでに契約は解除されているので，売主は解除の手続を履践すれば足りる。②と比べて買主による投機のために売主がリスク負担を強いられる状況とはならない。②の不安定な地位から売主が解放される点に着目すれば，商法525条も売主の保護を厚くした条文と捉えられる。

もっとも①乃至③のルールを定める条文は，いずれも当事者の一方および相手方の文言を用い，売主および買主の文言を用いていない。したがって目的物の引渡し遅延に関する①乃至③の前記解説は，代金支払遅延の場合にも当てはまる。この場合も，②のルールでは買主のリスク負担により売主が投機できる状況となるのに対し，③では買主の地位が安定化する。

4 買主による目的物の検査・通知

売買契約に基づいて引き渡された目的物に，種類，品質または数量が契約の内容に適合しない場合，その後はどのような対処となるか。商人間の売買において問題となるが，当然のことながら商人間以外の売買でも対処が問われる。前者に関する商法のルールに先立ち，後者に関する民法のルールを概観しておく。

(1) 民法のルール

民法が定める対処法は，①追完請求，②代金減額請求，③損害賠償および④解除の4つに大別される。①は民法562条が規定する。同条1項本文によれ

ば，引き渡された目的物が種類，品質または数量に関して契約の内容に適合しない場合，買主は売主に対し履行の追完を請求することができる。追完とは目的物の修補，代替物の引渡しまたは不足分の引渡しである。追完の対処はこのルールを基本とする。そして基本に2つの修正が加わる。

修正の一つは同条項但書である。売主は，買主に不相当な負担を課する方法でなければ，買主が請求したものと異なる方法で追完することができる。追完方法を指定した追完を買主が請求するのを踏まえつつ，売主が別の方法で追完する対処である。ただし売主が別の方法で追完できるのは，買主に不相当な負担を求めないことが前提である。買主の指定した追完方法は拒みたいが，別の方法による追完が買主の不相当な負担に帰着するならば，売主は別の方法による追完をなし得ない。追完以外の対処を探ることとなる。

もう一つは同条2項である。不適合が買主の責めに帰すべき事由による場合，買主は追完請求できない。この規定によれば，1項本文が定める追完の基本ルールは，不適合が買主の責めに帰すべき事由によらないという消極的要件を想定すべきことになる。そして消極的要件を満たさないならば，1項本文が定める買主の追完請求自体が失当となり，1項但書による売主の対処も想定されないこととなる。

②は民法563条が定める。同条1項では追完請求と同様に，引き渡された目的物が種類，品質または数量に関して契約の内容に適合しない場合が前提となる。この場合において，買主が相当の期間を定めて追完を催告し，しかしながら当該期間内に売主による追完がないとき，買主は不適合の程度に応じて代金を減額請求できる。代金減額請求も同条1項のルールを基本とし，続く2項・3項が基本に修正を加える。

同条2項の修正は，追完催告なしの減額請求を認める。4つの場合に催告不要で直ちに減額請求できる。(ア)追完が不能であるとき。(イ)売主が追完拒絶の意思を明確に表示したとき。(ウ)契約の性質または当事者の意思表示により，特定の日時または一定の期間内に履行しなければ契約の目的を達成できない場合において，売主が追完しないでその時期を経過したとき。(エ)買主が追完の催告をしても追完を受ける見込みのないことが明らかであるとき。これら4つの場合はいずれも追完に関係する。同条1項所定の基本ルール自体が追

完に関係するので，代金減額請求はすべて追完に関係する。追完とは無関係に代金減額を請求が認められることはあり得ない。また，たとえば(イ)では，拒絶の意思を表示しなければ売主は追完に応ずべきこととなるので，見方を変えれば(ア)乃至(エ)は，いずれも追完事由の該当性を前提としている。

同条3項の修正は，引き渡された目的物の種類，品質または数量に関する不適合が買主の責めに帰すべき事由によるならば，買主は減額請求できない旨を定める。追完請求に関する民法562条2項と同様の規定であり，減額請求についても基本ルールは，不適合が買主の責めに帰すべき事由によらないという消極的要件を想定することになる。したがって買主の責めに帰すべき事由がある場合，追完または代金減額のいずれも請求が認められないこととなる。

③および④は民法564条が規定する。追完または代金減額が請求される場合に，債務不履行に基づく損害賠償請求（民415条）や契約自体の解除（民541条・542条）も可能である旨を定める。

以上の①乃至④については1年の除斥期間が設けられている（民566条）。引き渡した目的物の不適合が種類または品質に存し（数量は除かれる），買主が不適合を知ったときから1年以内にその旨を通知しないときは，①乃至④を請求できない旨の規定である。時効ではなく除斥期間なので，1年の経過により①乃至④の請求権自体が消滅する。請求権を保存するには，売主の担保責任を問う意思を裁判外で明確に告げることで足り，裁判上の権利行使までは不要と解されている（最判平4・10・20民集46巻7号1129頁）。

除斥期間が設けられているのは，目的物の種類または品質に関する不適合により，買主からの長期に及ぶ責任追及に耐えなければならない売主の負担を軽減するためである。これに対し目的物の不適合が数量に存するのであれば，当該不適合は売主においても比較的容易に認識・対処できたはずである。そのため除斥期間の制限が及ぶ不適合に，目的物の数量は含まれていない。数量不足の場合に買主は，1年の期間制限を受けることなく①乃至④の権利を行使できる。また売主が引渡時点で不適合について悪意・重過失の場合には，売主の負担軽減がそもそも合理的でなく，買主は除斥期間による権利行使制限を受けない（民566条但書）。

除斥期間の起算点は買主が不適合を知ったときである。知ったときから1年で①乃至④の権利自体が消滅するが，除斥期間算定の始期である不適合を知るまでの期間に制限が定められていない以上，買主からの責任追及に売主が耐えるべき期間は，相当の長期＋1年となる。長期に及ぶことは明白であり，こうした不都合に対処するべく，判例は③について10年の消滅時効（平成29年改正前民167条1項）を適用する。売主の瑕疵担保責任に基づく損害賠償請求権（平成29年改正前民570条・566条1項後段）は，買主が目的物の引渡しを受けたときから10年の消滅時効にかかるとの判断である（最判平13・11・27民集55巻6号1311頁）。現行法においても時効に関する民法166条1項2号を適用し，同様の対処が維持されるべきと考えられる。

(2)　商法のルール

以上に概観した民法のルールのうち，商人間の売買において問題となるのは10年の消滅時効である。迅速性が求められる商取引において，目的物の引渡しから10年間にわたり①乃至④の権利が行使されかねない状況は，売主にとって合理性が乏しい。④の解除では売主のリスク負担で買主が投機を行う可能性もある。こうした事態に対処し迅速性を確保するべく，民法の定める①乃至④の対処法を基礎としながらも，商法は526条で修正を加える。

まず同条1項で検査義務を定める。買主が目的物を受領したならば，遅滞なく当該目的物を検査すべきとの規定である。受領後遅滞なく不適合を発見した上で，①乃至④で迅速に対処するための検査義務である。受領後遅滞ない間が検査義務の期間となるが，たとえば消費者向けの商品について，メーカーから引渡しを受けた後に，検査のために遅滞なく当該商品を開封することを卸売業者に求めるのは，検査可能性に照らすと不合理である。それゆえ卸売業者が引渡しを受けた時点では，同条1項の「受領した」に該当しないと解されている。換言すれば検査可能性のある状況で目的物の引渡しを受けた時点が，同条1項の受領に該当する。

次に同条2項は通知義務を規定する。1項の検査で種類，品質または数量の不適合を発見した場合，買主は直ちにその旨を売主に通知すべき義務であり，

当該義務を履践しない場合，①乃至④の権利を行使できない旨を2項前段が定める。受領後遅滞なく検査し，不適合が発見されたら直ちに通知するプロセスであり，①乃至④の権利が検査および通知に関連づけられている。また権利行使不可の効果を明文で規定することにより，民法で問われる消滅時効10年の妥当性の問題が，商人間の売買では未然に回避されている。それだけ売主の保護が厚くなる，

　種類または品質の不適合については，通知義務がさらに手厚くなっている。2項後段は，受領後の検査では種類または品質に関する不適合を直ちに発見できない場合で，しかしながら受領後6ヶ月以内に当該不適合を発見したときも，2項前段と同様に通知義務と①乃至④の対処を定める。種類または品質の不適合について①乃至④の対処は，民法では1年の除斥期間と結びつけられていたが，商法では6ヶ月以内の不適合発見＋直ちに通知と続くプロセスである。①乃至④への請求に応ずべき期間が短縮されており，売主の保護を手厚くした規定である。

　ただし目的物の種類，品質または数量の不適合について売主が悪意であったならば，通知義務の懈怠による①乃至④の権利行使不可という効果は生じない（商526条3項）。売主の保護に合理性がないためである。同条項を民法566条但書と比較すると，いずれも売主の悪意が要件とされるが，民法566条但書は悪意または重過失とされるのに対し，商法526条3項では悪意のみである。たとえば不適合の事実を知らなかった点に売主の重過失があった場合，民法566条但書では除斥期間による権利行使制限の効果は生じない。これに対し商法526条3項では，通知義務懈怠による①乃至④の権利行使不可の効果が生ずる。

　なお商法526条の適用対象となる商人間の売買は，特定物の売買のみならず不特定物の売買も含む（最判昭35・12・2民集14巻13号2893頁）。①乃至④を定める民法562条・563条・564条・566条についても同様である。民法567条1項かっこ書のように，特定物に限定するのであればその旨が明示されるはずであるが，①乃至④を定める4箇条には，特定物に限る旨が示されていないからである。

5 買主による目的物の保管・供託

　売買契約に基づいて引き渡された目的物に，種類，品質または数量に不適合があり契約が解除された場合，契約当事者は原状回復義務を負う（民545条1項本文）。買主は受領した目的物を売主に返還する義務を負うが，それ以上の義務を負担しない。引き渡される物品が注文したものと異なっている場合や，注文した数量を超過する場合でも，買主は受領・保管する義務を負わない。

　ただし商人間の売買では，必ずしも返還が合理的とは限らない。返還は返送費用の負担を伴う。運送途中の危険もあり得る。売主が返還された物品を再度売却できるのは返還後となるため，返送されるまでのタイムロスも生ずる。こうした不都合が想定される以上，売主としては，返送費用を負担してまで返還してもらわなくとも，買主で適切に対処してもらえるなら，その方が売主にとっては好都合となる

　商法527条はこうした考慮に基づく規定である。同条1項本文は，商人間の売買において目的物の種類，品質または数量の不適合を理由に買主が契約を解除した場合でも，買主は売主の費用負担で，目的物を保管し，または供託しなければならない旨を規定する。これが保管・供託に関する基本的なルールである。もとより目的物返還に伴う不都合を解消するためのルールなので，不都合が大きくなければ本ルールを用いるべき理由は乏しい。売主および買主の営業所が同一の市町村の区域内にある場合には買主は保管・供託義務を負わない旨を商法527条4項にて規定するのは，こうした理由に基づく。

　以上のルールを基本として2つの修正が加わる。一つは目的物に滅失または損傷のおそれがある場合の修正である。この場合，買主は裁判所の許可を得て当該目的物を競売し，かつ競売代価を保管・供託する義務を負う（商527条1項但書）。買主の義務履行に伴う費用を売主が負担するにせよ，買主が競売してくれるので，売主は滅失・損傷による目的物の減価を防止できる。もちろん競売なので，代価の合理性は相応に確保される。

　もう一つは，契約は解除されないが，買主が占有する目的物を売主へ返還

すべき場合の修正である。品違いの物品が引き渡された場合の返還や，数量超過の物品が引き渡された場合における超過分の返還について，解除を伴わなくとも商法 527 条が準用される旨を商法 528 条は定める。準用により買主には保管・供託義務が生ずるのみならず，返還される物品に滅失・損傷のおそれがあれば競売および代価供託の義務も生ずる。

■ 第 3 章 ■

交 互 計 算

1 概　要

　都市部の鉄道では，複数鉄道会社間の路線を接続させて1本の列車が運行される場合が少なくない。乗り換えの必要がなく，乗客の利便性が向上するからである。たとえば旅客が甲会社のA駅から乙会社のB駅へ向かう際，甲乙両会社の路線が接続するC駅で乗り換えずに，直通運行される列車を利用する場合である。この場合に旅客は，甲会社のA駅でB駅までの切符を買う。代金は甲会社に支払われるが，C駅からB駅までの運賃相当分は，本来なら乙会社に払われるべきである。それゆえ当該相当分の債権を，乙会社は甲会社に対して有すると考えられる。同様に旅客が逆方向へ向かう場合，C駅からA駅までの運賃相当分の債権を，甲会社は乙会社に対して有する。

　旅客の数が多く，しかも毎日継続するため，債権債務の決済に伴う負担が増大する。煩瑣のみならず決済資金の準備も必要となる。こうした不都合を解消し，決済を簡略化する仕組みの一つが交互計算である。商人間または商人と商人でない者との間で，平常取引する場合において，一定の期間内の取引から生ずる債権および債務の総額について相殺をし，その残額を支払う契約である（商529条）。

　契約なので基本的に当事者2名で締結され，少なくとも1名が商人である。当該商人にとっては，営業のためにする行為として附属的商行為に該当する（商503条）。両当事者が相互に債権債務を有する状況を想定するので，メーカーと卸売業者間のように，一方は債権を有するのみ，もう一方は債務を負担するのみとなる当事者間では，交互計算契約は成立しない。もっとも債権債務が相互に生ずべき取引関係にあればよく，一定の期間に組み入れられたの

が結果的に一方当事者の債権のみだったとしても，交互計算契約の効力自体が失われるわけではない。

交互計算の対象となる期間（これを交互計算期間という）は，当事者が定めなければ6ヶ月である（商531条）。組み入れるべき債権債務の範囲も当事者で定められるが，定めがなければ平常取引より生ずる債権債務すべてに及ぶ。もっとも当事者間の平常取引とは言いがたい債権は除外される。不法行為債権や第三者から譲り受けた債権が除外の典型である。また相殺になじまないため，金銭債権以外の債権も除外される。同様に消費貸借の予約による債権も除外される。予約完結権を行使して金銭債権が発生する以上，行使前の時点では金銭債権自体は未発生であり，相殺をなし得ないからである。手形をはじめとする有価証券上の債権も，証券の呈示なくして権利行使ができないため，交互計算には組み入れられない。

各個の債権に対する個別の弁済と比べ，相殺により両当事者が準備すべき支払資金は少なくなる。しかも一方当事者のみが，相殺後の残額のみについて資金を準備し，実際に支払を行えば足りる。準備すべき資金の量が減少し，支払のコストやリスクも削減できる。要準備の資金量を減少できるならば，減少分を他の用途に有効活用できる。もとより相殺一般に認められる担保的機能は，交互計算にも等しく認められる。のみならず交互計算では期間の概念を伴う。期間終了時まで支払が猶予されるので，与信機能も備える。

2 消極的効力

交互計算に組み入れられた債権は，その総額について相殺を予定し，担保的機能を担い，信用を供与する。こうした目的を実現するべく，交互計算期間中の債権債務は独立性を失い，当事者は個別の債権を行使できず，また譲渡や質入れもできないと解されている。交互計算契約により生ずるこうした効力を，交互計算の消極的効力という。また消極的効力を別の観点から眺め，交互計算に組み入れられた債権が，当事者の任意では交互計算から除外し得ず一括相殺の対象とされる点は，交互計算不可分の原則とも呼ばれる。

この原則による一括相殺の効果が交互計算契約の両当事者に及ぶのは当然である。さらに第三者にも及ぶか。具体的には交互計算に組み入れられた個別の債権を，第三者が差し押さえ，また転付命令により取得し得るか否かの問題である。この点について判例は，第三者にも及ぶと解する。交互計算に組み入れられた債権の譲渡性を否定し，第三者による差押えも不可とする旨の判示である（大判昭11・3・11民集15巻320頁）。

交互計算の契約当事者が期待する担保的機能を確保するには，判示のように，第三者にも消極的効力が及ぶと解すべきこととなる。しかしながら交互計算の事実を知らない第三者にとっては，差押えとその後の債権譲受けによる債権回収の期待に反する結果を招く。こうした第三者の利益を保護する方策をめぐり，判例法の是非を含めて，学説では議論が重ねられている。

議論はおよそ2つ存する。一つは交互計算に組み入れられた債権の非譲渡性をめぐる議論である（もう一つは古典的交互計算理論と段階的交互計算理論をめぐる議論である。この議論は別に項を改めて記す）。なぜ交互計算に組み入れられると，組入債権には譲渡性が認められないのか。この点について有力説は，民法466条2項を根拠に，当事者の特約により譲渡性が制限されるためと捉え，それゆえ同条3項により譲渡制限の意思表示について悪意または重過失の第三者には対抗できると解する。この理解を反対解釈すれば，善意かつ無重過失の第三者に債務者は対抗できないこととなる。有力説はこのように立論して第三者の保護を図る（特約違反については，交互計算契約の当事者間における損害賠償の問題として処理される）。

これに対し多数説は，判例と同様に消極的効力が第三者にも及ぶと解する。この理解を所与としつつ，第三者の利益保護を図る方策として，債権者代位権（民423条）を行使して交互計算契約を解除する方法が唱えられる（商534条。なお破産59条1項，民再51条，会更63条）。こうした方策が想定されるので，有力説が唱えるもの以外に第三者を保護する方策がないわけではない。

もっとも債権者代位権を行使するには債務者の無資力が要件とされる（最判昭40・10・12民集19巻7号1777頁）。また交互計算の解除により生ずる効果は，商法534条後段によれば直ちに計算を閉鎖して残額の支払を請求することになるので，債務者が残額債権の債権者になるとは限らない。債権者代位

権の第三債務者と思われていた者が残額債権の債権者となったならば，債権者代位権の行使は無意味に帰着する。こうした不都合の可能性を孕むことは多数説自身も認識している。そのため多数説では，交互計算ありとの事実認定自体に慎重を期するべしとされる。

有力説と同様の第三者利益保護を判例・多数説がなし得ないのは，組入債権の譲渡性を認めないためである。判例・多数説は，組入債権を性質上譲渡が許されない債権と捉える（民466条1項但書）。それゆえ交互計算への組入について第三者が善意か否かを問わずに，第三者に対抗可能とされる。このように性質上譲渡不可と捉えようとすれば，当該債権は発生時に譲渡不可の債権として発生したと解すべきこととなる。時系列に照らすと，交互計算契約が締結され，交互計算期間の始期が到来し，その後に交互計算に組み入れられるべき債権が発生し，発生と同時に交互計算制度の枠にはめられ譲渡不可の性質へと変容して交互計算に組み入れられるとの理解である（商529条参照）。

3 古典的交互計算理論と段階的交互計算理論

商法529条の条文は一定の期間が想定され，期間満了により残額を支払う旨が定められている。もっとも相殺の時期および回数は必ずしも明らかでない。素朴に読めば交互計算に組み入れられた債権および債務が交互計算期間の開始時から終了時まで累積し，終了時に債権総額と債務総額について相殺が1回行われて残額が算定されるようである。交互計算のこのような考え方は古典的交互計算理論と呼ばれ，多数説の理解である。

これに対し，相殺の時期および回数が定められていない点に留意すると，次のような捉え方もあり得る。すなわち交互計算期間開始後に，まず1つめの組入れが行われた後，2つめの組入れで相殺が行われて残額が算定され，さらに3つめの組入れで残額との相殺が行われて新残額が算定され，その後に4つめ，5つめと続く都度，相殺が順次行われるとの捉え方である。この捉え方によれば相殺は組入れの都度行われ，相殺の回数も通常は複数となる。

また条文が定める「総額について」の文言については，組入れの都度相殺して漏らさず全額を相殺の対象とするという意味で捉えることになる。こうした考え方は**段階的交互計算理論**と呼ばれ，有力説の見解である。

両者の主要な相違は残高の差押えの可否である。段階的交互計算理論によれば期中残高の第三者による差押えが認められる。これに対し古典的交互計算理論ではそのような差押えは認められず，交互計算期間満了時に生ずる期末残高の差押えしか認められない。換言すれば実質的には，期末までに生ずる相手方の債権全額の上に質権を設定し，当該質権の第三者対抗要件を備えたのと同様の効果である。

このような効果が交互計算契約の締結のみによって発生する。もとより交互計算契約締結を第三者に明示する制度は設けられていない。第三者利益保護の観点から古典的交互計算理論に対しては疑問が指摘され，段階的交互計算理論への支持や，古典的交互計算理論の限定的・抑制的解釈が唱えられる。具体的には，交互計算契約の契約当事者はいずれか一方のみが商人であれば足りると解するのではなく，ごく限定された範囲の商人間でしか認めるべきではないとの主張である。この主張は交互計算契約の成立を容易に認定しない方向へと展開する。

他にも2つの理論には交互計算期間，計算書承認，総額一括相殺等をめぐって相違がある。段階的交互計算理論の典型例とされる銀行の当座勘定取引では，交互計算期間は特に設定されず，後述の計算書承認も必要ない。組入れごとに相殺が行われ期中残高が算定されるので，期末の総額一括相殺も行われない。このように商法所定の主要な仕組みを伴わないので，段階的交互計算理論に対しては，交互計算のカテゴリーに含めて捉える積極的意義が乏しいとも指摘される。

4 積極的効力

交互計算期間が満了すると，古典的交互計算理論によれば，組み入れられている債権・債務の総額が一括して相殺され，残額が算定される。段階的交

互計算理論では交互計算へ組入れの都度相殺がなされ残額が算定されるが，交互計算期間満了によりその後の組入れはなされないので，期間満了時の残額が算定される。交互計算を解除する場合（商534条）も同様である。手続的には，交互計算の計算書を作成し，交互計算契約の両当事者が当該計算書を承認する。

　算定された残額が，単に差引計算による数額ではなく金銭債権となる点について，段階的交互計算理論では組入れの都度相殺により残額債権が発生すると捉える。計算書の作成・承認に先立って残額債権は発生済との理解である。これに対し古典的交互計算理論では更改（民513条1号）が行われると捉える。交互計算に組み入れられた従前の債務に代えて，従前の給付の内容について重要な変更を発生させる契約をしたと捉え，旧債権が消滅し新債権が発生するとの理解である。時間的には近接するケースがほとんどと思われるが，残額債権は計算書の作成・承認により発生するわけではない。

　更改により旧債権が消滅するので，特約がない限り旧債権についていた担保や保証も消滅する。また新債権が発生するので，当該新債権の消滅時効が新たに進行する。利息も発生する。債権者は計算閉鎖の日以後の法定利息を請求できる（商533条1項）。利息計算の起算点は計算閉鎖日となるが，例外も認められている。当事者の特約があれば，債権債務を交互計算に組み入れた日を利息計算の起算日とすることができる（商533条2項）。これにより組入債権に利息が付いていた場合，更改により旧債権として消滅するまで当該旧債権の利息が発生するとともに，組入時から新債権の利息が発生する。旧債権の利息が新債権の元本へ組み入れられるので，旧債権の組入時から消滅時までが重利となる。民法によれば利息の元本組入れには，利息支払の1年以上の延滞，債権者の催告および債務者の利息不払い等が要件とされる（民405条）が，商法533条2項はこうした民法のルールに対する特別法と位置づけられる。

　以上のように旧債権が消滅し，新債権が発生すると捉えた場合，交互計算期間満了後における計算書の作成・承認にはどのような意義があるか。商法532条本文によれば，当事者は債権および債務の各項目を記載した計算書を承認すると，当該各項目について異議を述べることができない。更改と計算

131

書承認が時間的に必ずしも一致しない点に注目すれば，計算書承認により残額が確定する旨を内容とする更改契約が締結されたと解することになる。もっとも計算書の記載に錯誤または脱漏があったときは，計算書を承認した場合でも当事者は異議を述べることができる（商532条但書）。

◆コラム──例外としての商法530条

　交互計算不可分の原則に対する例外として，商法530条は交互計算からの除外を認める。それでは除外とは具体的にどのようなことが行われるのか。同条は手形その他の商業証券から生じた債権および債務を交互計算に組み入れた場合の規定である。この場合に当該商業証券の債務者が弁済しないときは，当事者は当該債務に関する項目を交互計算から除外できる旨を定める。具体的にはAがBに約束手形を振出し，受取人Bが手形割引のために当該手形をCへ譲渡する場合で，BとC間に交互計算の存するときである。手形割引によりBはCに割引代金債権を有するとともに，この債務は交互計算によりCのBに対する債権との相殺が予定される。

　この状況でBが破産手続開始決定を受け，AもCへの支払を拒絶するような場合が，同条適用の典型例とされる。BのCに対する債権は交互計算により他の債権と相殺され全額決済される。これに対しCは，割引により取得した手形について，手形金の支払をAが拒絶するので，Bに対し遡求権を行使することになる。ただし遡求では手形の支払のための呈示が必要となる（手38条1項）ため，遡求債権は交互計算に組み入れられない。交互計算外でCはBに遡求することになるが，Bの破産手続により，遡求金額（手77条1項4号，48条）全額について弁済を受けることは期待しづらい。商法530条は，こうした状況でCの不利益解消を目的とし，例外的にCのBに対する割引代金債務をCが交互計算から除外することを認める。これにより交互計算外で，BのCに対する割引代金債権とCのBに対する遡求に基づく債権との相殺が可能となる。

　もっとも上記の例ではBが破産手続開始決定を受けた設定となっている。それゆえ破産法59条1項前段により交互計算は終了し，同条項後段により各当事者は計算を閉鎖して残額の支払を請求できる。そのためCが計算の閉鎖と残額の支払を請求したような場合，すでにBのCに対する割引代金債権はCがBに対して有する交互計算に組み入れられた他の債権と相殺される可能性を孕む。そのような場合にはBのCに対する割引代金債権も相殺により消滅済となるため，その後にCが当該債権を交互計算から除外しようとしても，除外されるべき債権が不存

在となる。そうだとすれば商法530条は，破産法59条1項前段により交互計算は終了したが，同条項後段による計算の閉鎖および残額の支払請求がなされていない状況で機能する条文と理解されよう。破産手続開始決定により破産管財人がすでに置かれている状況に照らすと，商法530条はそれほど機能しない条文となりそうである。

　のみならず段階的交互計算理論によれば，交互計算契約が締結され，その後に交互計算に組み入れられるべき債権が発生すると，発生と同時に交互計算に組み入れられ，組入れと同時に相殺がなされる。BのCに対する債権が発生と同時に相殺で消滅すれば，当該債権を商法530条によりCが交互計算から除外しようとしても，除外されるべき債権が不存在となる。それゆえ破産手続開始決定の有無に関係なく，段階的交互計算理論では商法530条の機能は限定的となる。

4

積極的効力

133

■ 第 4 章 ■

匿 名 組 合

1 概　要

　匿名組合とは，当事者の一方が相手方の営業のために出資し，当該営業から生ずる利益の分配を約束することで効力を生ずる契約である（商535条）。出資者と営業者が出資と利益分配について締結する契約であり，当該契約に関する法的ルールを商法典が定める。匿名組合員は非商人でも構わないが，営業者は商人でなければならないと解されている。こうした当事者間の契約に関するルールであるが，見方を変えて経済的に眺めれば，匿名組合とは出資者と営業者から構成される共同企業となるので，当該共同企業の組織に関するルールと捉えることもできる。

　ただし共同企業ではあるものの，匿名組合という1つの団体は想定されず，それゆえ匿名組合自体が事業主体となることもない。名称は類似するが，民法上の組合（民667条）とは別である。出資者たる匿名組合員は営業者に出資し，当該出資は営業者の財産に属する（商536条1項）。団体自体が想定されないので，定款のような団体の自治規範も想定されない。匿名組合自体による営業も想定されず，営業は営業者による。出資者たる匿名組合員は，営業者の業務を執行し，または営業者を代表することができない（商536条3項）。それゆえ匿名組合契約に基づく営業は，匿名組合自体でも匿名組合員でもなく，あくまでも営業者のみによる営業であり，匿名組合員は営業者の行為について第三者に対して権利義務を有しない（商536条4項）。匿名組合員は営業者の背後に隠れ，営業者の取引相手方からは見えない状況となる点が，匿名という語彙の由来である。

　営業者と匿名組合員間で匿名組合契約が締結されるので，匿名組合員の数

134

だけ匿名組合契約が存する。この点は，複数名の組合員により1個の組合契約が締結される民法上の組合との相違である。こうした相違は見方を変えれば，民法上の組合では組合員相互のつながりが想定されるのに対し，匿名組合では匿名組合員相互のつながりが想定されないこととなる。また匿名組合員の数だけ匿名組合契約が存するので，複数の契約において契約内容の異なるケースもあり得る。出資と利益分配という匿名組合員の権利義務に関する契約なので，それらの内容が異なるケースである。

権利義務の内容が異なり得るのは，匿名組合員が有する個別のニーズにきめ細かく対処するには適切である。しかしながら個別にきめ細かく対処すればするほど対処の均一性が損なわれるので，均一的・画一的対処には適さない。同じく共同企業でも株式会社であれば，多数決で成立する株主総会決議により，反対票を投じた少数派にも決議の拘束力が及び，これにより均一的・画一的対処が可能である。この点と比べると，匿名組合は対照的であり，多数の者による出資の糾合にはあまり適していない共同企業である。

2 匿名組合員の権利義務

匿名組合員が出資するのは，営業者に営業を行わせ，それにより得られた利益の分配を受けるためである。営業を行わせる権利と利益の分配を受ける権利が匿名組合員の主要な権利となる。他方で出資義務を負う。出資と利益分配に対価関係が想定されそうだが，出資と利益分配の具体的内容は匿名組合契約ごとに異なり得るので，厳密な対価関係は想定しづらい。持分均一主義によりいずれの出資者にあっても同様の対価関係が想定される株式会社制度との相違点である。

利益の分配について，出資が損失によって減少した場合，当該損失が填補された後でなければ匿名組合員は分配を請求できない（商538条）。出資がマイナスからプラスに転ずるように営業者は填補を続けることになる。株式会社のように純資産の額を基本とした分配可能額の概念をもたないので，匿名組合における配当規制は単純である。ただし株式会社における資本減少のよ

135

うに，出資自体を少額化する方策が条文では規定されていないため，無配の長期継続もあり得る。換言すれば匿名組合では，長期無配継続も匿名組合員が了解するような人的信頼関係が匿名組合契約の基礎に存するべきことになる。

　無配を可とするのは，金銭消費貸借契約における貸主との相違でもある。共同企業への資金提供では同じだが，貸主は確定した利息の支払を受ける権利を有するのに対し，匿名組合員は出資額を基礎とした配当規制を受ける。また貸主が期限の到来により元本の返済を受けるのに対し，匿名組合員は匿名組合契約の終了時に営業者から出資価額の返還を受けるものの，出資が損失によって減少したならば出資残額のみの返還を受けるにとどまる（商542条）。元本返還と利息支払の不確定は，金銭消費貸借との相違点であるとともに，株式制度との類似点でもある。もっとも株式会社における残余財産分配では会社の清算を前提とするのに対し，匿名組合では匿名組合契約の終了による出資価額の返還である。営業者自身が必ずしも解散・清算するわけではない。

　のみならず匿名組合員は，株主の議決権のような共益権をもたず，そのため経営者の選解任を通じて経営に参画する権利ももたない。株主の基本的な３つの権利のうち，剰余金配当請求権および残余財産分配請求権については，匿名組合員にも類似の権利はあるが，議決権については，匿名組合員には類似の権利自体がない。この点を承知の上で，匿名組合員になろうとする者は匿名組合契約を締結すべきこととなる。

　もっとも匿名組合員は営業年度の終了時に，営業者の貸借対照表を閲覧・謄写し，または業務および財産の状況を検査することができる（商539条1項）。また重要な事由があるときは，いつでも裁判所の許可を得て営業者の業務および財産の状況を検査できる（商539条2項）。業務および財産の状況を検査できる点は会社法358条に類似するが，会社法360条の定める差止請求権に類する権利は，匿名組合では設けられていない。

　匿名組合員の義務は出資である。出資は金銭その他の財産のみに限られ（商536条2項），持分会社の無限責任社員のように労務や信用を出資の目的とすることはできない（会576条1項6号参照）。匿名組合員が有限責任の利益を

享受し得る反面で出資の目的が金銭その他の財産に限られるのは，持分会社における有限責任社員に類似する。全額払込制の不採用は，合資会社における有限責任社員との類似点でもある。

また匿名組合員が自己の氏もしくは氏名を営業者の商号中に用いることまたは自己の商号を営業者の商号として使用することを許諾したときは，許諾後に生じた債務について，匿名組合員は営業者と連帯して当該債務を弁済する責任を負う（商 537 条）。名板貸（商 14 条，会 9 条）と同様に，禁反言の法理または外観法理に基づく条文である。取引相手方を保護する制度なので，取引相手方が悪意の場合には商法 537 条は適用されない。

名板貸と同様の制度なので名板貸の制度が抱える問題点，とりわけ責任が連帯とされるため，氏・氏名・商号が使用されない場合よりも取引相手方の保護が手厚くなる問題点も同条は抱える。たとえば営業者 A，匿名組合員 B で同条が適用される場合，A が B の商号を使用して営業することを B が A に許諾し，当該許諾に基づいて A が B の商号を使用して相手方 C と取引する事実関係となる。匿名組合契約により B は A の背後に隠れるので，C からは B の存在を認識しづらい。この状況で C は，自己の取引相手方である A を B と誤認することが考えられる。商法 14 条および会社法 9 条所定の「誤認」である。B と誤認した A を C が相手方と認識していたのであれば，C は，B と誤認した A から弁済を受ければ足りるはずである。B と誤認された A が保有する財産以上に責任財産が確保されるべき理由はない。

これに対し，営業者 A の背後に隠れる建前にもかかわらず，匿名組合員 B の存在を C が認識していたケースも考えられる。A と B の別人たることを認識している C は，自己の相手方 A が B の商号を使用して取引に入ってくる状況では，A を代理人，B を本人と認識することになる。そうだとすれば C は，本人 B から弁済を受ければ足りる。本人 B と代理人 A が連帯で C に責任を負うべき理由はないはずである。

商法 537 条には商法 14 条および会社法 9 条が定める「誤認」の文言は見受けられないが，名板貸と同じ制度との理解によればこのような問題点を抱えるに帰着する。C の過保護である。匿名組合なので C は，A の背後に隠れる B の存在を認識しづらいと考えられるが，B の存在を C が認識しているか否

かにかかわらず，取引一般および代理一般における保護以上にCが保護されるべき理由が問われる。

3 営業者の権利義務

営業者は商人でなければならないと解されているので，営業者の権利として報酬請求権がある（商512条）。匿名組合員への利益分配は，利益から営業者の報酬を控除した後になされる。報酬が確保されるべき理由は，営業者が匿名組合における事業を運営する義務を負うからである。そして事業の運営が匿名組合員への利益分配を目的とする以上，匿名組合員の利益保護を意図した義務を営業者は負うべきこととなる。

この点について，条文では特に規定されていないが，多数説によれば営業者は匿名組合員に対し善管注意義務を負うと解されている。組合に関する民法671条・644条の類推解釈である。近時の最高裁判例は，営業者の匿名組合員に対する善管注意義務を認めるに至った（最判平28・9・6集民253号119頁）。善管注意義務の内容は，営業者と匿名組合員間における利益相反の規律も含む。この事件では匿名組合員と営業者間に実質的な利益相反関係があるとされ，匿名組合員の利益を害する危険性の高い行為であるにもかかわらず，匿名組合員の承諾なしで当該行為を行うことは善管注意義務に違反する旨を判示した。

◆コラム──営業者の善管注意義務

匿名組合の営業者について，最判平28・9・6集民253号119頁は善管注意義務を判示した。本判決は，条文で明示されていない義務を民法671条・644条の類推解釈として認め，匿名組合員と営業者の実質的な利益相反を規律した。それでは類推解釈を駆使してまで規律したい実質的利益相反とはどのような利害対立の状況か。実質が問われるので，以下では利害対立の状況を具体的に概観しよう。

事案の概要は次の通りである。XはY₁会社と匿名組合契約を締結した。匿名組合員がXであり，営業者がY₁社である。同社の代表取締役はY₂であり，Y₂の弟Y₃はパソコンの解体やリサイクルを業とするA会社の代表取締役であった。A社

のパソコンリサイクル事業について Y_2 は，B との共同事業とするべく，公認会計士から手法の提案を受けた。提案に基づいてリサイクル事業は，新設分割により C 会社に承継されるとともに，C 社の発行する株式全部を Y_2 と Y_3 が取得した。

さらにその後 B との共同事業の受け皿となる D 会社が設立された。D 社の代表取締役は Y_3，取締役は Y_2 であった。D 社設立時には Y_1 社が 8000 万円，B と Y_3 が各 1000 万円を出資した。また出資の 16 日後には，Y_1 社が D 社の発行する新株予約権付社債を引き受けて 1 億円を払い込んだ。Y_1 社から D 社への資金提供は 1 億 8000 万円となり，提供に際しては X の出資である 3 億円の一部が充てられた。1 億円の払込みと同日に，D 社は Y_2 および Y_3 から C 社株式を 1 億 5000 万円で取得した。これにより C 社は D 社の完全子会社となった。その後 D 社は C 社を吸収合併した。

一連の行為により，パソコンリサイクル事業は A 社から D 社へ移った。D 社から A 社へ対価が払われるべきが通常だが，本件では C 社を介在させ，C 社株式を D 社へ譲渡することで，1 億 5000 万円が Y_2 と Y_3 に帰属し，A 社には対価が帰属しない。この 1 億 5000 万円は匿名組合の営業者たる Y_1 社から提供された資金 1 億 8000 万円の一部である。匿名組合員 X による出資金 3 億円の半分以上が充てられたことになる。1 億 5000 万円の売買価格決定について，C 社株式は非上場なので市場価格が存在せず，基本的に売主たる Y_2 および Y_3 と買主たる D 社の合意で決まるはずだが，D 社の代表取締役が Y_3，取締役が Y_2 なので自己契約の側面を有する。

Y_2 と Y_3 による自己契約であれば，本人たる D 社の利益が損なわれる危険がある。ただし実際に危険の大半を負担するのは，8000 万円の出資と 1 億円の引き受けにより 1 億 8000 万円の資金を提供した Y_1 社である。本件の Y_1 社による資金提供は，こうした危険性を伴い，危険が現実化すると損失を被るのは匿名組合員 X である。本件最高裁判決のいう匿名組合員と営業者間の実質的利益相反関係とは，このような利害状況を表す。

もっとも実質的な利益相反の認定は，換言すれば形式的には利益相反の認定困難を示唆する。実際に原審判決は，Y_1 社の行為は X の犠牲において自己又は第三者の利益を図る行為であったとは認められない旨を判示した。そうなると，本件最高裁判決が営業者の匿名組合員に対する善管注意義務を肯定し，また本件の営業者と匿名組合員間に実質的利益相反関係を肯定した点は事実であるが，本件最高裁判決の先例的意義および射程は必ずしも明白でない。形式的には認定されない利益相反関係がどのような場合に実質的に認定されるか。営業者に報酬請求権が認められる点に着目し，匿名組合契約締結時点においてすでに利益相反的側面

が内在しているとすれば，そのような内在性を踏まえてもなお匿名組合員の承諾を必要とする利益相反的状況とは，どのような状況か。本件最高裁判決にはなお吟味・洗練されるべき課題が少なくない。

4 匿名組合契約の終了

匿名組合契約の終了は，合意による解除や存続期間の満了のような契約一般の終了事由以外に，当事者の意思による一方的解除（商540条）と当事者の意思によらない終了事由（商541条）の2つに大別される。そして当事者の意思による一方的解除は，予告による解除とやむを得ない事由による解除の2つに，また当事者の意思によらない終了事由は法定の3つにそれぞれ区別される。

予告による解除（商540条1項）は，匿名組合の存続期間を定めなかったとき，またはある当事者の終身の間匿名組合が存続すべきことを定めたときの解除である。匿名組合契約の各当事者は，解除の6ヶ月前に解約を告知した上で，営業年度の終了時に解除することができる。相当長期に及ぶ継続性を前提として匿名組合の営業が行われている状況において，合意によらず一方的に行う解除なので，解除自体および解除後に向けた準備が欠かせない。営業者は従前の営業を終了させる必要に迫られる可能性があり，その場合には解除後に営む事業の検討・準備が求められる。匿名組合員においても，解除により利益分配が終了するので，解除後に収入・収益を確保する方策の検討・準備が要求される。6ヶ月前の予告が要件とされるのは，両当事者がこうした検討・準備に充てる時間を確保するためである。

やむを得ない事由による解除（商540条2項）においては，匿名組合の存続期間を定めたか否かが問われない。やむを得ない事由があれば，各当事者はいつでも匿名組合契約を解除することができる。一方的に解除したい当事者は，本来なら6ヶ月前の解約告知が必要となるにもかかわらず，解約告知なしで可能な解除である。営業者および匿名組合員の双方に著しい影響の及ぶことが当然に想定されるにもかかわらず，解除後の営業や収入・収益確保に

向けた検討・準備の時間も確保されずに直ちに解除される。やむを得ない事由か否かは，やむを得ないと主張する事由の内容や程度のみならず，解除の名宛人に生ずるこうした不利益の内容や程度を勘案して判断すべきこととなる。

当事者の意思によらない終了事由は以下の3つである。①匿名組合の目的である事業の成功またはその成功の不能（商541条1号）。この規定では事業の成功または成功の不能とは何かが問われる。請負契約における仕事の完成（民632条）のような客観的判断になじまず，主観的に判断せざるを得ないとすれば，匿名組合契約当事者の一方が成功と判断しても，他方はそのように判断しない可能性もある。双方がいずれも成功と判断して終了させるのであれば，合意による解除の一例との理解に帰着しそうである。

②営業者の死亡または営業者が後見開始の審判を受けたこと（商541条2号）。匿名組合では営業者の個人的な能力や信用に基づいて取引が行われ，利益を獲得して匿名組合員に分配される点に照らせば，営業者の死亡や後見開始審判により匿名組合契約が終了するのは当然である。反対に匿名組合員の死亡や後見開始審判は，もともと匿名組合員は営業者の背後に隠れる存在なので，営業の継続困難に帰着するわけではない。

③営業者または匿名組合員が破産手続開始の決定を受けたこと（商541条3号）。営業者が破産手続開始決定を受けると，営業を行う能力が失われる。匿名組合契約において営業者は事業を運営する義務を負うので，営業を行う能力が失われれば当該義務を履行できなくなる。また匿名組合員が破産手続開始決定を受けると，債権債務関係の清算が必要となるため，匿名組合契約の解除に帰する。

匿名組合契約の終了により，営業者には，匿名組合員の出資の価額を当該匿名組合員に返還する義務が生ずる（商542条）。出資の返還義務であるが，常に全額返還が要求されるわけではない。出資が損失により減少したときは，減少後の残額を返還すれば足りる。匿名組合員の出資が金銭の場合，営業者は金銭で出資を返還する。現物出資だった場合，下級審判例によれば，特約のない限り，営業者は金銭で出資を返還すればよい（名古屋地判昭53・11・21判タ375号112頁）。この事件では不動産が現物出資された。解除のように原

状回復として現物出資の目的物自体の返還が要求されるならば，営業者は当該不動産の返還を強いられ，営業自体の継続が困難となりかねない。下級審の判断は，現物出資の目的物を営業者が匿名組合契約終了後も引き続き利用し，営業を継続する利益を確保するものと考えられる。

■ 第 5 章 ■

仲 立 営 業

1 概 要

　仲立営業の基本的理解は商行為の媒介である。国語辞典によれば媒介とは，2つの物・人の間に立って何らかの関係を付けることである。「何らかの関係」は広範囲に及びそうだが，商法543条では仲立人の定義として，他人間の商行為の媒介をすることを業とする者とされる。商行為たる取引関係を付けるように，取引当事者となる両者の間に立つのが仲立人である。当事者間の法律関係は取引なので法律行為となるが，仲立人自身は当該法律行為の関係が成立するように事実行為として尽力する。

　仲立人の典型は，ホテルと客の宿泊契約の成立に尽力する旅行業者や，不動産の売主と買主間において売買契約の成立に尽力する不動産業者である。ホテル営業は営業的商行為（商502条7号）である。不動産売買についても，たとえば工場や店舗の増設のために事業会社が土地を買うのであれば，当該土地の購入は附属的商行為（商503条1項）となる。これに対し居住用土地・建物の個人間売買に尽力するような場合，当該売買は商行為には該当しない。法律行為の当事者双方いずれにとっても商行為でなければ，商543条の定める仲立人の定義には該当しない。商法上の仲立人に該当しないが媒介を行う者は民事仲立人と呼ばれる。ただし商法502条11号は「仲立ち……に関する行為」と定め，「商行為の仲立ち……に関する行為」とは規定していない。それゆえ商法543条の定める仲立人のみならず民事仲立人も，営業として媒介を行えば商法502条11号の営業的商行為に該当し，商人とされる（商4条1項）。

　仲立人は代理商（商27条）や問屋（商551条）と同様に，企業の外部から独

143

立の商人として企業活動を補助する補助商である。ただし代理商が特定の商人のためにその平常の営業の部類に属する取引の代理または媒介として補助するのに対し，仲立人と問屋は不特定多数の者を補助する。また問屋は自己の名で物品の販売または買入れを行うのに対し，仲立人は事実行為として尽力するのみで，自らは取引をしない。

2 仲 立 契 約

他人間における法律行為の成立に向けて事実行為として仲立人が尽力するのは，他人からの委託を受けるからである。通常は受託により仲立人は尽力すべき義務を負い，委託者は仲立人に対して報酬を支払うべき義務を負う。委託者と受託者の双方が義務を負担するこうした契約は双方的仲立契約と呼ばれ，法律行為でない事務の委託なので準委任（民656条）に該当する。

これに対し，仲立人は尽力すべき義務を負わないが，仲立人の尽力により法律行為が成立すれば委託者が報酬を支払う形態もあり，一方的仲立契約と呼ばれる。双方的仲立契約とは異なり，一方的仲立契約では事実行為の委託を受けていないので準委任に該当せず，尽力しなくても仲立人は仲立契約違反とはならない。媒介による法律行為の成立を約束するわけでもないので，請負（民632条）にも該当しない。ただし他人間の法律行為の成立により報酬が支払われる点は，仕事の結果に対して報酬が支払われる点と類似するので，一方的仲立契約は請負に準ずると解されている。

仲立人が媒介により法律行為を成立させても，仲立人自身は当該法律行為の当事者とはならない。また媒介の委託者を本人とし，受託者を代理人とする代理関係も成立しない。そのため媒介により成立した法律行為については，当事者の別段の意思表示または別段の慣習がない限り，当事者のために支払その他の給付を受けることができない（商544条）。同様に当該法律行為の当事者が仲立人に給付しても，有効な弁済とはならない。

3 仲立人の義務

委託に応じて他人間を媒介し法律行為の成立に事実行為として尽力することから，仲立人は以下に記す義務を負う。

① 見本保管義務（商545条）　仲立人が媒介する行為について見本を受け取ったときは，当該行為が完了するまで当該見本を保管しなければならない。見本とは見本売買における見本であり，見本売買とは売買の目的物が見本と同一の品質を有するものとして行われる売買であり，製造加工品についての貿易取引に多い。貿易取引では売主と買主が遠距離となり，売買契約の成立に先立って取引商品全部の品質を買主は詳しく検討できない。そこで売主は買主に見本を交付し，見本を基礎として品質についての打合せを行う。また，見本の保管は，遠隔地の取引当事者間で生じ得る後日の紛争に備えた証拠保全の意味を有する。

こうした経緯・目的で交付された見本について，仲立人は保管義務を負う。目的に照らし，保管義務は後日の紛争に際して立証に必要な限りで保管すれば足りる。また保管義務の終期たる「行為が完了するまで」とは，見本売買の当事者間で紛争が生ずるおそれがなくなるまでである。具体的には目的物の引渡後に，買主が完全な給付があった旨の承認または商法526条1項・2項の定める検査・通知期間の経過により，目的物の品質をめぐる紛争の不発生が確実となるまでである。

② 結約書作成・交付義務（商546条）　見本の保管と同様に，後日の紛争に備えるべき義務の一つである。仲立人の媒介する法律行為が当事者間で成立したときは，仲立人は遅滞なく結約書を作成し，各当事者に交付しなければならない。結約書には各当事者の氏名または名称，行為の年月日および行為の要領を記載する。要領では目的物の名称，数量，品質，履行の方法・時期・場所，支払条件等を具体的に記す。これらの事項を記載した書面が結約書であり，書面の見出しが実際には契約証や仕切書であってもこれらの事項が記載されていれば，商法546条所定の結約書に該当する。反対に見出しが結約書でもこれらの事項が記載されていなければ，商法546条所定の結約

145

書には該当しない。

同条1項により，結約書には仲立人が署名または記名押印し，各当事者に交付する。次いで同条2項により，当事者が直ちに履行すべきときを除き，仲立人は各当事者に結約書に署名または記名押印させた後，当該結約書を相手方に交付する。仲立人および両当事者の3者について署名または記名押印のある結約書が2通作成され，各当事者が1通ずつ所持することになる。当事者が直ちに履行すべきときは，同条2項は適用されず，同条1項の手続のみとなる。

仲立人および両当事者の署名または押印があると，真正の推定が及ぶ（民訴228条4項）。後日に紛争が生じた場合，当事者の主張を裏付ける証拠は結約書に限られないが，結約書に署名があると真正の推定が及ぶので，主張の内容と結約書の記載が異なる場合には主張の説得力は乏しくなる。訴訟の相手方が反証として結約書を法廷に提出してくると予想されるからである。このような事態の推移が想定されるので，結約書の記載に異議のある当事者は，結約書の受領を拒み，または結約書への署名・記名押印を拒むことになる。その場合，仲立人は遅滞なく，相手方にその旨の通知を発しなければならない（商546条3項）。

仲立人が通知義務を怠っても，媒介した法律行為の効力には影響が及ばない。そのため仲立人の権利たる報酬請求権も失われない。ただし通知義務の懈怠により法律行為の当事者に損害が生ずると，仲立人は当事者に対し損害賠償責任を負う。責任追及に際しては，原告たる当事者が，仲立人の署名または押印のある結約書を証拠として法廷へ提出することになる。

③ **帳簿に関する義務（商547条）**　結約書の制度では，所定の事項が記載された書面を法律行為の各当事者が所持し，仲立人は結約書を所持しない。仲立人は結約書に記すべき事項を別の帳簿に記載する。この帳簿は仲立人日記帳と呼ばれる。各当事者はいつでも，仲立人が媒介して成立させた行為について，仲立人日記帳の謄本の交付を請求できる。仲立人日記帳も後日の紛争に際しては証拠となり得るが，結約書と異なり，仲立人日記帳には仲立人や各当事者の署名または押印がない。そのため真正の推定は及ばない。

④ **氏名黙秘義務（商548条）**　仲立人に媒介を委託する際，委託者は

仲立人に対し，自己の氏名または名称を相手方に示さないように命ずること
がある。氏名または名称の黙秘を命ずる目的としては，法律行為成立に向け
た駆け引きがある。他に資金調達を目的に媒介を委託する場合では，委託者
の氏名または名称が示されると委託者の資金不足や信用不安を露呈しかねな
いという事情もある。こうした目的や事情は，委託者のみならず法律行為の
相手方となる者にもあり得る。法律行為の当事者から黙秘が命じられた場合，
仲立人は，結約書および仲立人日記帳に黙秘を命じた当事者の氏名または名
称を記載してはならない。

⑤ **介入義務**（商549条）　　氏名または名称が黙秘される場合，黙秘
された当事者の相手方は，自己の取引相手が誰かを認識し得ないまま取引に
入ることになる。黙秘された当事者の資力や信用が不知のままでは，取引相
手方は安んじて取引できない。こうした状況に対応するべく，仲立人は当事
者の一方の氏名または名称を取引相手方に示さなかったときは，取引相手方
に対し自ら履行する責任を負う。これを介入義務という。

取引相手方にとっては，自己の取引相手が仲立人でなく黙秘されたままの
者であることを認識しているので，匿名取引に近い認識である。このような
状況で仲立人の信用・資力が適切と判断できるなら取引に入っても問題ない。
氏名黙秘当事者の信用・資力を調査・把握する必要がないので，黙秘の方が
好都合な場合もあり得る。仲立人にとっても，仲立人自身の信用・資力が十
分なら介入義務を伴う媒介にも応じられるので，そうでない仲立人よりも多
くの仲立を手がけて報酬の拡大を期待できる。

仲立人のこうした介入義務は履行責任であり，法律行為自体は黙秘の当事
者とその相手方間で成立する。仲立人は黙秘の当事者に対し求償権を有する。
もっとも資金不足や信用不安の露呈を避けるために氏名黙秘としたような場
合，仲立人はそのような氏名黙秘の当事者に対し求償することになる。氏名
黙秘の当事者に起因するリスクを仲立人が肩代わりする状況である。

4 仲立人の権利

　仲立人は商人なので，商人一般に適用されるルールとして報酬請求権を有する（商512条）。双方的仲立契約では準委任なので，委任事務処理自体が適切に履践されれば報酬は受領できるはずだが，仲立営業では，結約書に関する商法546条所定の手続を終了した後でなければ報酬を請求できない（商550条1項）。そのため仲立人が事実行為として尽力しても，媒介される法律行為が成立しなければ，仲立人は報酬を得られない。

　仲立人の報酬は，当事者双方が等しい割合で負担する（商550条2項）。この負担割合は，仲立により成立した法律行為の両当事者間における内部分担に止まらず，仲立人に対しても効力が及ぶ。仲立人の報酬請求の名宛人は当事者双方となり，半額ずつの請求となる。全額を一方当事者に請求することはできない。媒介の委託をしなかった法律行為の当事者も半額の報酬支払義務を負うべき理由は，仲立人による媒介の利益を当該当事者も享受するからである。

　結約書に関する商法546条所定の手続が終了する前に仲立契約が解除されたならば，仲立人は報酬を請求し得ない。委託者が仲立人に媒介を委託し，仲立人が事実行為として尽力し，当事者間の取引が成立する直前に，仲立人への報酬支払を嫌悪して仲立契約を解除し，その後に当事者が直接に取引するような場合，仲立人は報酬を請求し得ないか。判例・学説は特約や商慣習がなくても，一定の要件の下で請求を認めるべきと解する点で一致する。議論があるのは，そのような結論を導く法的根拠である。

　判例・多数説は，条件成就の妨害に関する民法130条1項を根拠とする。商法546条1項本文の「媒介に係る行為が成立」しないと報酬を請求し得ない点に着目し，行為の成立を一種の停止条件と捉え，仲立人を故意に排除した直接取引を停止条件成就の妨害と解する。これにより民法130条1項が定めるように，条件が成就したとみなして報酬請求を認める立論である。

　これに対し近時の有力説は，直接取引による契約の成立について，仲立人の行為と相当因果関係のある範囲内で，仲立行為による寄与に応じて仲立人

は報酬を請求できると解する。この説では報酬請求の根拠自体は仲立契約または商法512条を根拠とする。その上で，一般に損害賠償請求の場面で用いられる相当因果関係概念を，報酬請求の場面で寄与に応じて請求を認めるために用いる点に特徴がある。判例・多数説で民法130条を根拠とした場合，報酬請求自体の法的根拠が得られても，仲立人の寄与に応じて報酬額を調整するには，民法130条以外に何らかの理由付けを加えなければならない。有力説はこの点への対処を意図した立論である。

■ 第 6 章 ■

問 屋 営 業

1 概　要

　問屋は代理商や仲立人等とともに補助商の一つであり，自己の名をもって
他人のために物品の売買を業とする者である（商551条）。物品の売買は問屋
自身の名義でなされるが，計算は問屋に売買を委託した者に帰属する。法的
権利義務は問屋に，経済的損益は委託者にそれぞれ帰属する形態である。ま
た準問屋として売買以外についても問屋に関する規定が準用される（商558
条）ので，広く自己の名をもって他人のために法律行為をすることを業とす
る者に問屋のルールが及ぶ。自己の名をもって他人のために法律行為をする
ことを引き受ける行為は取次ぎと呼ばれ，業として取次ぎを行うと営業的商
行為となる（商502条11号）。取次業の典型が問屋である。

　問屋の典型は証券会社である。上場株式の売買注文を個人投資家から受託
した証券会社は，取引所に当該注文を出す。もとより取引所は会員制組織な
ので，取引所で取引できるのは証券会社を典型とする会員に限られる。それ
ゆえ法形式に照らせば取引所での取引自体は会員証券会社間で行われるが，
経済的損益は証券会社に売買を委託した個人投資家に帰属する状況となる。
そして問屋たる証券会社は，売買の取次ぎによる手数料収入が経済的利益と
なる。

　手数料を払って問屋甲を利用すると，利用しない場合と比較して，委託者
Aや相手方Bはどのような便益を得られるか。委託者Aは専門的な知識や理
解が乏しくても，甲の知識・経験・手腕・信用等を利用することができる。ま
た実際の取引は甲の名義なので，対外的にはAの名義を明かさず匿名で取引
できる。さらに甲が問屋営業として定型的に取引を行うので，代理で問題と

なり得る権限逸脱のような事態を招く懸念も少ない。こうした便益の享受に見合うか否かを考慮して，手数料を払って甲に委託するか否かをＡは判断する。

相手方Ｂはどうか。Ｂの取引相手は甲なので，Ａの信用状況を調査する必要がない。甲の代理権の有無を調査する必要もない。取引に伴うこうしたリスクを軽減できるので，取引自体が迅速化する便益をＢは享受する。もとより問屋甲にも便益がある。甲が知識・経験を有する目的物の売買で利益を獲得する素朴な方法は，当該目的物の仕切り売買である。自己の計算で買い入れて転売し，差額を利益とする売買である。ただし仕切り売買での取引量は，自己の資力・信用の許す分に限られ，そのため当該目的物の売買に役立つ知識・経験は必ずしも十分に活用されない。しかしながら委託売買であれば，甲の資力・信用を超えて取引量を増やせる。知識・経験が存分に活用され，活用の成果は手数料収入となって甲に利益をもたらす。

2 問 屋 契 約

問屋営業では委託者Ａ，問屋甲および相手方Ｂの３者が関与する。このうち甲とＡ間の契約が問屋契約である。甲とＢ間は売買契約であり，売買一般に関するルールが適用される。ＡとＢ間には直接的な法律関係は存在せず，両者に経済的な損益が帰属する関係である。換言すれば経済的な損益がＡとＢ両者に帰属するように，甲とＡ間の問屋契約および甲とＢ間の売買契約に，条文のみならず解釈も含めて工夫が加えられる。

甲とＡ間の問屋契約については，委任および代理に関する規定が準用される（商552条2項）。同条項を根拠に，甲がＢと取引するのは委任に起因し，甲とＢ間の売買で甲に生ずる効果がＡに帰属するのは代理に起因すると説明される。簡便な説明の根拠として同条項は好都合である。ただし民法の定める代理および委任に関する諸規定のうち，問屋契約ではどの規定が準用されるのかが問われる。また代理であれば経済的効果がＡに帰属するのは容易に説明されるが，甲とＢ間で売買契約が締結される以上，売買の法的効果はＡ

ではなく甲に帰属する。法的形式と経済的実質の乖離をどのように解消するかも問われる。

委任および代理の諸規定のうち問屋営業に準用されるものについて，善管注意義務を定める民法644条は問屋への準用が解釈により肯定されている。これに対し，商法552条2項により代理に関する諸規定が準用されるはずだが，復代理に関する民法106条を見る限り，準用には否定的である。具体的にはAから委託を受けた甲が別の問屋乙に再委託した場合である。代理に準じてAを本人，甲を代理人と捉えた上で，乙を復代理人として扱うなら，民法104条や106条の規定が準用されそうである。

こうした再委託の扱いについて，判例は代理として捉えなかった。問屋と委託者との法律関係の本質は委任であり，商法552条2項が両者の間に委任および代理に関する規定を準用すると定めているのは，委任の規定を適用し，代理の規定を準用する趣旨と捉えた。そして民法106条2項は，その本質が単なる委任であって代理権を伴わない問屋の性質に照らし，再委託の場合にはこれを準用すべきでないと解した（最判昭31・10・12民集10巻10号1260頁）。こうした判例の理解によれば，乙はAの復代理人ではなく甲の履行補助者と捉えることになる。

法的形式と経済的実質の乖離については，業務上横領の成否が問われた刑事事件において，甲からAへの権利移転行為を問題とすることなく，当然にAに権利が帰属する旨を示唆する判断を判例は示した（最判昭34・8・28判時199号35頁）。多数説も，甲とAの内部関係に限れば代理と取次ぎが類似する実質を重視すべきとの理由から，商法552条2項により民法99条の準用を認めて，甲の取得した権利は移転行為なくしてAに移転すると唱える。経済的実質に照らせばこうした理解は妥当であるが，法的形式としては甲＝Aと捉えない限り，甲に帰属している権利はAに帰属しないはずである。

これに対し有力説は，甲とB間の売買により取得した権利はいったん甲に帰属し，その後の引渡しによりAに帰属するとの理解である。Bとの取引が甲名義で行われる以上，いったん甲に帰属するのは当然である。ただしその後に移転行為がない限り，甲に帰属した権利はAへ移転しない。たとえば問屋として甲がBから記名式裏書で約束手形を譲り受けた場合，移転行為とし

てＡへの裏書が行われるまで当該手形は甲に帰属する。

ただし有力説の立場では，甲に帰属の時点で甲が破産手続開始決定を受けた場合，基本的に当該手形は破産財団に組み込まれる。判例・多数説では移転行為なくしてＡに帰属と解するので，甲の破産財団に組み込まれることはない。甲の破産に伴うＡの利益を保護する観点から近時では，有力説に立ちつつ，甲が破産手続開始決定を受けたときにＡに取戻権を認める見解も唱えられている。

甲とＢ間の売買契約について甲は，Ａのためにした売買により，Ｂに対して甲が自ら権利を取得し義務を負う（商552条1項）。甲が自己の名をもって売買する以上，当然の規定である。もっともＡに錯誤や詐欺，強迫等の事由があっても，甲とＢ間における契約の成立や効力に影響を及ぼさない。またＡとＢ間に相殺をはじめとした抗弁事由が存する場合でも，甲はＢに，Ｂは甲にそれぞれ抗弁を対抗することができない。

3 問屋の義務

先に記したように，問屋は委任に準じて善管注意義務を負う。その他，以下の義務が条文で規定されている。

①　**履行担保義務（商553条）**　　甲がＡのためにした売買につきＢが債務を履行しない場合，甲はＡに対して自ら履行する責任を負う。この責任がＡの保護を目的とするのは言うまでもない。他に問屋制度の信用維持も目的とされる。問屋制度では経済的損益はＡに帰属し，甲は手数料収入を得る。Ｂの資力・信用の脆弱さを承知していても，Ａの委託を受けて甲がＢと売買すれば，甲はＡから手数料を得る反面，Ｂの債務不履行によりＡは損害を被る。甲とＡ間のこうした利益相反的側面を，問屋制度は内包する。

履行担保義務は，Ｂの債務不履行により甲の負担が増大する仕組みである。負担の増大を避けたい甲は，他人事ではなく自分のこととしてＢの資力・信用を適切に調査した上で，Ａのために B と取引すべきこととなる。取引相手方たるＢを選択できるのはＡでなく甲である点に着目して，甲の無責任な売

買を阻止し，これにより甲とＡ間における利益相反性の解消を意図した制度である

②　**指値遵守義務（商554条）**　　Ａが甲に売買を委託する場合，甲の取引相手方が誰かについてＡは関心がない。Ａが関心を寄せるのは価額である。Ａによる売買価額の主な指定方法は2つある。一つは成行である。市場価額で売買を行う旨の指定である。もう一つは指値である。買付けについては最高買付価額，売付けについては最低売付価額の指定である。指値による売買はＡによる一方的指定では足りず，甲の同意も必要となる。同意したにもかかわらず甲が指値に反して取引した場合，Ａは甲による売買の結果の引受を拒否できるのが指値取引に関する基本的理解である。

ただし甲が，Ａの指値より低い価額で売付け，または高い価額で買付けをした場合に，甲が自らその差額を負担するときは，当該売買はＡに対して効力を生じ，Ａは結果の引受けを拒否できない。甲の差額負担によりＡは，甲が指値を遵守したのと同じ経済的効果を得ることができるからである。もっともこうした対処は甲の差額負担を伴う。それゆえ合理的に考えると，甲がＡから受領する報酬額の範囲内に差額負担が止まる場合の対処となる。

③　**通知義務（商557条）**　　代理商に関する商法27条の準用である。商法552条2項により委任に関する規定が準用されるので，受任者の報告義務に関する民法645条も準用されるはずであるが，商法557条は民法645条に対する特別法であり，特別法が優先する。民法645条では委任者からの請求により受任者は報告義務を負う。これに対し商法557条によれば，Ａからの請求がなくとも，甲がＡのために売買を行ったときは，遅滞なくＡに対して通知を発しなければならない。

4　問屋の権利

問屋の主な権利として，条文では以下の4つが規定されている。

①　**報酬請求権（商512条）**　　問屋には委任に関する規定が準用される（商552条2項）。ただし無償委任を原則とする民法648条1項は適用され

ない。取次ぎに関する行為は商法502条11号により営業的商行為とされ，当該行為を業とする者が商法551条の定義により問屋とされ，したがって商法4条1項により問屋は商人とされるので，商法512条が報酬請求権の根拠条文となる。当然に有償となるので，委任一般の場合のように特約で有償性を根拠づける必要がない。

② **介入権（商555条）**　甲が誰と取引するかについて，Aはほとんど関心がない。それゆえ甲が委託売買のみならず自己売買も行う場合，甲自らがAと取引しても，Aにとっては所定の価額でなされた取引の経済的効果が自己に帰属するならば問題ない。A自身が売買目的物を所有している場合，時間や費用が節約される点で委託売買よりも望ましいこともある。甲がAの委託に応ずるのではなく，Aの委託に対して甲自らがAの取引相手方となることを介入という。また甲の介入する権利を介入権という。

ただし介入によりAと甲が売買の両当事者になると，利益相反の問題が生ずる。知識・経験の豊富な甲がAの不利益において自己の利益を図る懸念が存するからである。便宜を確保しながら懸念に対処するべく，甲が介入権を行使し得るのは，委託の目的物について取引所の相場があるものに限られる。さらに価額については，介入した旨の通知を甲がAに発した時点における当該相場によって定められる。

介入権の行使に伴うこの通知は，甲のAに対する意思表示である。Aの同意がなくとも，一方的意思表示のみで甲は介入権を行使できる。もっとも行使の要件となる取引所については，Aが売買を行うべき地を指定したときはその地の取引所，その他の場合には甲の営業所の所在地またはその所在地の相場を支配する取引所と解されている。売買目的物を取引する複数の取引所があり，取引所間で市場価額が異なっているような場合でも，甲にとって好都合な市場価額の取引所を甲が選択するのは不可である。またAに通知を発する時点で，実際に市場価額が形成されていなければならない。

介入権を行使しても甲の報酬請求権は失われない（商555条2項）。見方を変えればAの報酬支払債務は消滅しない。甲が委託売買を実行したのと同様の経済的効果をAが得ているからである。

③ **供託・競売権（商556条・524条）**　甲がAの委託により買い入れ

た物品の受領をＡが拒み，または受領することができないときは，甲は当該物品を供託し，または相当の期間を定めて催告した後に競売に付することができる。さらに競売代金の全部または一部を甲はＡに対する債権の弁済に充当することができる。商事売買における売主の競売権を問屋に準用するルールである。

④ **留置権**（商557条・31条）　甲がＡの委託により行った物品の売買によって生じた債権が弁済期にあるときは，弁済を受けるまで，甲はＡのために甲が占有する物または有価証券を留置することができる。代理商の留置権を問屋に準用するルールである。被担保債権と留置目的物間に牽連性を要しない点は，民法上の留置権（民295条）との相違点であるとともに，商事留置権（商521条）との共通点である。問屋の留置権が商事留置権と異なるのは，留置目的物がＡの所有物でなくても構わない点，およびＡとの商行為によって甲の占有に属したことを必要としない点の２つである。

■第7章■

運 送 営 業

1 運送営業の意義

(1) 運 送 人

　商法第2編第8章の運送営業に関する規定は，陸上運送にかかわるだけでなく，同時に，海上運送および航空運送にも適用される総則的規律として位置づけられている。商法は，運送人について，陸上運送，海上運送および航空運送に共通に定義を置いて，運送人とは，陸上運送，海上運送または航空運送を引き受けることを業とする者をいうとする（商569条1号）。運送に関する行為は営業的商行為に該当し（商502条4号），運送人は運送を引き受けることを業とする者だから，商行為をすることを業とする者として商人にあたる（商4条1項）。運送人は，運送の引受けを業とする者であるから，必ずしも自らトラック等を利用して運送をすることを引き受ける（実際運送人という）必要はなく，自ら運送手段を有するか否かを問わずに，荷送人との間で運送契約を締結した上で，実際の運送を履行補助者である下請運送人に委託する者（この者を利用運送人という）も運送人に含まれる。

◆コラム──**実運送と利用運送**━━━━━━━━━━━━━━━

　実際運送人の行う運送を実運送，利用運送人の行う運送を利用運送という。実際運送人が必要に応じて利用運送を行うことがあるのは当然である。

　自分の有する運送手段を利用するのではない利用運送人も，荷送人との間で自ら運送契約を締結し運送契約上の義務を負う点で実際運送人と共通する。この利用運送人はさらに実運送を行う実際運送人との間でも運送契約を締結するわけで

ある。利用運送人は，荷送人から受け取る運送賃から実際運送人に支払う運送賃を支出することになるから，この差額が利益となる。

　利用運送は，貨物利用運送事業法の規制を受け，第一種貨物利用運送事業と第二種貨物利用運送事業とに分けられる。このうち，第一種貨物利用運送事業とは，利用運送を行う事業のうち，トラック運送だけの利用運送を行う事業をいい，これには国土交通大臣の行う登録を受ける必要がある。第二種貨物利用運送事業とは，船舶運航事業者，航空運送事業者または鉄道運送事業者の行う運送による利用運送とこの利用運送にかかる貨物の集積および配達のためにする自動車による運送とを一貫して行う事業をいい，これには国土交通大臣の許可が必要である。なお，平成元年（1989年）に廃止された通運事業法は，鉄道による貨物運送に伴って，貨物の積込み，集配，運送取扱いなどを行う「通運事業」について定めていたが，これは第二種貨物利用運送事業に該当する。

(2) 運 送

　運送は，陸上運送，海上運送および航空運送に分けられる。運送とは，物または旅客を一定の場所から他の場所に移動させることをいうが，陸上運送とは，陸上（地下も含まれる）における物品または旅客の運送をいう（商569条2号）。これに対して，海上運送とは，商行為をする目的で航海の用に供する船舶による物品または旅客の運送をいう（商569条3号・684条）。ここにいう船舶には，商行為をする目的でもっぱら湖川，港湾その他の海以外の水域において航行の用に供する船舶（これを非航海船〔商747条〕という）が含まれるが，端舟その他ろかいのみをもって運転し，または主としてろかいをもって運転する舟は除かれる（商684条）。航空運送とは，航空法（商2条1項）に規定する航空機による物品または旅客の運送をいう（商569条4号）。なお，ここにいう航空機は有人機のみを指し，飛行機，ヘリコプター，グライダー，飛行船をいうが，無人航空機（たとえばドローン）は含まれない。

◆コラム──陸上運送と海上運送の区分

　平成30年改正前商法569条は，陸上または湖川，港湾における運送を陸上運送としており，湖川・港湾の範囲は平水区域とされていた。平水区域を定める船舶

安全法施行規則によれば，平水区域には湖川，港湾に加えて，本州，島嶼部の沿岸だけでなく，東京湾内や瀬戸内海の大部分の海域も含まれ，これらの海域における船舶による運送を陸上運送と同様に規制することは，その運送の実際に照らして相当ではないことから，平成30年商法改正は，湖川，港湾その他の海以外の水域において航行の用に供する船舶を含めて，船舶（商684条）による物品または旅客の運送を海上運送と定義することとして（商569条3号），商法第3編「海商」の規制が適用されるものとした。

2　物品運送

　運送契約は，運送という仕事の完成を目的としているので，請負契約の一種である。しかし，商法の規定の適用が一般的で，民法規定はほとんど適用されない。民法規定では請負は料金後払いが原則であるが（民633条本文），運送賃は運送契約により後払いの場合だけでなく前払いとされる場合も多い。商法は，第2編第8章第2節に，運送契約中で物品運送について，陸上物品運送に関する規律を基本としつつ，陸上，海上および航空運送に共通する総則的規律を置いている。

　物品運送契約は，運送人が荷送人からある物品を受け取り，これを運送して荷受人に引き渡すことを約し，荷送人がその結果に対して運送賃を支払うことを約することによって，その効力を生じる契約である（商570条）。物品運送契約は諾成の不要式契約であり双務契約である。これによれば，物品運送契約において運送人の相手方は，運送を委託する荷送人であり，この者は，運送品の運送人への引渡しにあたり，運送賃の支払を約束する者である。荷受人は運送品を引き渡されるべき者であって，運送契約の当事者ではない。

図-4

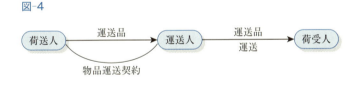

なお，物品運送では，運送人は荷受人に物品を引き渡すまでそれを保管する義務を負う。このような保管義務は運送契約中に当然に含まれている。

運送契約については，契約自由の原則が働く。上記の定義との関係では，荷送人が運送賃支払義務を負うべきところ，たとえば，着払いの契約の場合には，運送人が荷受人から運送賃を受け取ることを認める契約と解することになる。また，百貨店等における産地直送商品の購入の事例では，運送人は，荷送人（百貨店）とは異なる者（産地の業者）から運送品を受け取るが，この産地の業者は荷送人の履行補助者と解される。

陸上運送としての物品運送の代表例としては，トラック等の自動車による運送，引越しトラック運送，宅配便，鉄道による貨物運送などが挙げられる。

2015年全国貨物純流動調査（国土交通省）によると，日本国内における貨物の純流動量は，年間で25億3千万トン，一日あたり約693万トンである。

陸上運送としての物品運送を営む運送人に関する規制として，鉄道営業法，道路運送法等による行政的規制があるほか，運送契約については運送約款が広く利用されている。運送約款は国土交通大臣の認可が必要であるが（貨物自動車運送事業法10条，道路運送法11条），国土交通大臣が定める標準貨物自動車運送約款，標準宅配便運送約款等が利用されることも多い。

◆コラム──輸送手段別のシェア

　5年ごとに行われる国土交通省の全国貨物純流動調査によれば，我が国の国内における貨物純流動量（年間出荷量）は，1990年の36億1千万トンをピークに年々減少し，2005年は30億6千万トン，2015年は25億3千万トンである。運送の輸送機関（手段）別のシェアは，2015年調査では，鉄道が1.3％（10年前の2005年調査では0.9％，以下同様），自家用トラックが21.4％（29.1％），営業用トラック（運送業者に委託するもの）が62.9％（57.0％），船舶（フェリー，コンテナー船等を含む）が14.5％（13.0％）であり，航空は0.0％（0.0％）である。輸送距離別のシェアを見ると，500kmまでの短距離ではトラック運送が圧倒的にシェアが大きく，距離が長くなるほど船舶のシェアが大きくなる。

運送取引は運送業者が多数の様々な顧客を相手方として行う取引であり，運送業者によって準備された各種の運送約款によって行われる。このうち，

広く消費者を取引相手とする宅配便運送約款による取引は，それぞれの個性に配慮することなく不特定多数の顧客を相手方とする取引であって，その内容の全部または一部が画一的であることが取引当事者双方にとって合理的な定型取引であり，宅配便運送約款はその契約内容をなすものとして定型約款にあたる（民548条の2第1項）。鉄道による旅客運送取引，乗合バス等による旅客運送取引等における運送約款も同様に定型約款にあたる。

◆コラム──運送取引と定型約款

第1章 2(2)〔87頁〕でも述べたように，平成29年改正民法においては，ある特定の者が不特定多数の者を相手方として行う取引であって，その内容の全部または一部が画一的であることがその双方にとって合理的な取引を定型取引として，定型取引において用いられる条項の総体を定型約款と定義している（民548条の2第1項）。鉄道・乗合バス等による旅客運送取引における運送約款，宅配便運送約款，電気供給契約における電気供給約款，預金規定，保険取引における保険約款，旅館・ホテルの宿泊約款，インターネット通販における購入約款，コンピューターソフトのライセンス規約等が定型約款にあたると解されている。

陸上運送における運送約款は，不特定多数の者を相手方として，国土交通大臣の認可を受けることを必要とし，同大臣の定める標準約款が利用されることも多いため，定型約款の要件を満たす場合が一般的である。民法は，特定の定型約款によって契約を締結することを合意した当事者が契約の内容として組み入れられた個々の条項に拘束されるための要件を定めている（民548条の2第1項1号・2号）。運送業者は，宅配便運送約款について国土交通大臣の認可を受けた上でその内容を自社のウェブサイト等で公表しており，顧客は広く当該約款によって契約を締結することを認識して宅配便運送を依頼していると解されることから，宅配便運送取引は定型約款による契約にあたる（民548条の2第1項1号）。同様に，鉄道による旅客運送取引，モノレール・路面電車，乗合バス等による旅客運送取引等については，関係の法令において，運送人があらかじめその定型約款を契約の内容とする旨を相手方に「表示していた」（民548条の2第1項2号）との要件を満たすために，あらかじめその定型約款を契約の内容とする旨を「公表」すれば足りる旨の特則を設けている（鉄道営業法18条ノ2，軌道法27条ノ2，道路運送法87条）。事業者は，自社のウェブサイトにその旨を掲載することにより公表すればよい（村松秀樹・松尾博憲・定型約款の実務Q&A（2018年，商事法務）76頁）。

161

上記以外の各種運送約款については，「その内容の全部または一部が画一的であることが双方にとって合理的なもの」との要件との関係で，相手方が特段修正を求めることなく条項の総体を契約内容とすることに合意する場合には，定型約款による契約と認められる。他方，運送事業者と相手方である事業者との間の交渉により約款条項の一部について修正が行われる場合には，契約条項の重要部分について「画一的であることが双方にとって合理的なもの」であるとの要件が満たされる限りで，当該運送取引は定型約款による契約として扱われる（定型約款の実務 Q&A29 ～ 33 頁）。

3 荷送人の義務と権利

(1) 送り状（運送状）交付義務

荷送人は，運送人の請求により，所定の事項を記載した送り状を交付しなければならない（商 571 条 1 項）。これにより，運送契約の内容が明確になり，不要なトラブルを回避できる。送り状は有価証券ではなく，物品運送契約を証明する一種の証拠証券であるに過ぎず，運送品の引渡しを受けるために引換交付する必要もない。平成 30 年改正前商法では，物品運送に関して，運送人は荷送人の請求により貨物引換証を交付しなければならないとされていたが，改正法でこの制度は廃止されている。

◆コラム──貨物引換証制度の廃止

平成 30 年改正前商法には，物品運送において発行される有価証券である貨物引換証の制度に関して詳細な規定が置かれていた。大正～昭和初期にこれに関する多くの重要判例が出され，商法学説ではそれを踏まえて多彩な理論が展開されて，商行為法中の重要な論点を形成していた。貨物引換証は，荷送人が金融を得るために運送中の物品を担保に供したり，運送中の処分を容易にするという意義を有していた。貨物引換証に関する議論は，類似する倉荷証券を含む倉庫証券の議論にも反映されていた。しかし，これらの議論は，当時の未発達な物流インフラ，通信インフラとかかわり，運送品が目的地に到達するまでに長時間を要し，

しばしば運送品と貨物引換証の目的地到達に時間的ずれを生じるという事情と大きくかかわっていた。けれども，平成30年商法改正にあたり，近時の実務上その利用例は見当たらないという理由で貨物引換証制度は廃止された。

　実務上，複写式の送り状が作成され運送品に貼付されて，うち1枚は荷送人に交付され，他の1枚には運送品の荷受人への引渡しにあたり受領印を押捺して運送人が保管することが行われている。商法は送り状の記載事項を以下のように定めるが，送り状は要式証券ではなく，すべての事項を必ずしも記載する必要はないとともに，これと異なる特約の記載が可能である。

① 　運送品の種類
② 　運送品の容積，重量または包，個品の数および運送品の記号
③ 　荷造りの種類
④ 　荷送人および荷受人の氏名または名称
⑤ 　発送地および到達地

　送り状により，到達地および荷受人が特定され（④⑤），荷受人に対して荷送人を知らせる（④）ことが必要であり，また，運送品を特定するための事項（①②③）の記載は，物品運送契約上不可欠であり，運送品の特定に必要な限りで記載する必要がある。なお，運送状の作成地と作成年月日，および荷送人の署名・記名押印は求められていない。

　実務においては，送り状に関する情報は，電子メール等により運送人に提供される場合が少なくない。そこで，荷送人は，送り状の交付に代えて，法務省令（商施規12条・13条）の定めるところにより，運送人の承諾を得て，送り状に記載すべき事項を電磁的方法により提供することができるものとされ，この場合には，荷送人は送り状を交付したものとみなされる（商571条2項）。

(2)　危険物に関する通知義務

　物品運送においては運送品として多様な物が運送に付されている。運送品が危険物である場合には，運送人が運送にあたり危険物について取扱いを誤るときには，きわめて甚大な損害が発生する可能性がある。そこで，荷送人

は，運送品が引火性，爆発性その他の危険性を有するものであるときは，その引渡しの前に，運送人に対して，危険物である旨および当該運送品の品名，性質その他の安全な運送に必要な情報を通知しなければならない（商572条）。危険物とは，たとえば，ガソリン，灯油，火薬類，高圧ガス等の物理的に危険な運送品を指す。

　危険物に関する荷送人の告知義務に関しては，運送人が危険物であることを知っていた場合には，告知義務は免除されるのかという問題がある。海上物品運送に関する判例で，運送人は，運送品が危険物であることを知っているときは，当該危険物の危険性の内容，程度および運搬，保管方法等の取扱上の注意事項を調査し，適切な積付け等を実施して，事故の発生を未然に防止すべき注意義務を負うとするものがある（最判平5・3・25民集47巻4号3079頁）。しかし，本条の解釈として，運送人が危険物であることを知るときには，荷送人の告知義務が免除されると解すべきではない。運送人が危険物であることを熟知するときは，荷送人の告知義務違反と損害との因果関係が欠けていると考えられ，また，運送人が危険物と知ることができたときは，荷送人の義務違反と運送人の過失とが競合する関係になり，過失相殺が可能と考えられる（商事法務編・商法（運送・海商関係）等の改正に関する中間試案（2015年，商事法務。以下「中間試案」）43頁）。

　本条は危険物であることの告知を怠った荷送人の損害賠償責任について特段の規定を設けていない。荷送人は物品運送契約上の債務不履行に基づいて，民法の原則に従って責任を負い，自己に帰責事由（過失）がないことを主張し証明すれば責任を免れる（松井信憲・大野晃宏編著・一問一答平成30年商法改正（2018年，商事法務。以下「一問一答商法改正」）23頁）。このように解する理由は，物流においては，製造業者，商社，利用運送人等様々な関係者が危険物の荷送人となるため，その賠償責任の有無および範囲については，それぞれの知識・経験，および危険物であることの認識可能性等を考慮して，各自の帰責性に応じた弾力的な判断ができるようにすべきことにある。したがって，荷送人は告知義務違反により運送人に損害が生じた場合に，自分に帰責事由がないことを主張し証明すれば，その責任を負わないことになる（民415条1項）。

164

(3) 運送賃の支払義務

荷送人は，到達地における運送品の引渡しと同時に，運送人に運送賃を支払わなければならない（商573条1項）。運送契約は請負契約の一種であるから，運送賃は仕事の完成に対する報酬として，到達地において運送品を引き渡せなければその請求はできないことになるので，民法規定と同様に，運送賃は運送品の引渡しと同時に支払うべきもの（民633条本文）としたのである。実際には運送賃の支払は荷送人，荷受人，運送人の間の運送契約や合意で定まることになる。誰が支払うのかは送り状に記載される場合がある。実務上は，企業間に継続的な運送契約関係が存在するときには，後払いが一般的であり，特に月末締めの翌月末日払いによる掛けの後払いとされる場合が多いとされているが（一問一答商法改正39頁），消費者が荷送人の場合には前払いされるのが一般的であろう。鉄道による物品運送では運送賃は託送にあたり前払いされるべきものとされ（鉄道運輸規程54条1項），トラック運送に関する標準貨物自動車運送約款においては，運送業者が運送品を受け取るときまでに，標準宅急便運送約款においては，運送業者が荷物を受け取るときに，それぞれ運送賃の前払いを求めている。運送契約上で運送賃着払いとされているときに，荷受人が運送賃を支払わない場合には，荷送人が運送賃支払の義務を負うことになる。

(4) 荷送人の処分権

荷送人は，運送人に対し，運送の中止，荷受人の変更その他の処分を請求することができる（商580条）。これを荷送人の処分権という。この場合に，運送人は，すでに行った運送の割合に応じた運送賃，付随の費用，立替金およびその処分によって生じた費用の弁済を荷送人に請求することができる。

これにより荷送人は，運送の途中における経済状況の変化や，物品の買主の信用状況の変化に対応して，運送の中止等を運送人に指図することができる。荷送人の利益を保護するための規定であるが，運送途中にある運送人の利益は害されるべきではない。そこで，運送の中止により運送人は運送品を

発送地にまで返送することは要さず，その時点で運送品が所在する地点において荷送人に引き渡せばよい。発送地までの返送のためには新たな契約が必要である。荷受人の変更に伴う運送品の転送についても同様である。

4 運送人の義務と責任

(1) 運送人の損害賠償責任

運送人は，運送品の受取から引渡しまでの間に，運送品が滅失もしくは損傷した場合，またはその滅失，損傷の原因が生じた場合，あるいは，運送品が延着した場合には，運送人がその運送品の受取，運送，保管および引渡しについて注意を怠らなかったことを証明したときを除いて，これによって生じた損害を賠償する責任を負う（商575条）。運送人は，運送品の受取から引渡しまでの間，その受取，保管，運送および引渡しについて運送契約上の注意義務を負うから，この損害賠償責任は，本来，債務不履行（民415条）に基づく責任である。荷送人側において運送品の滅失・損傷等により損害を生じた旨を証明すれば，運送人は損害賠償責任を負い，運送人は，帰責事由の不存在（その運送品の受取，運送，保管および引渡しについて注意を怠らなかったこと）について証明しなければ損害賠償責任を免れない。この損害賠償を請求できる権利者は，原則として荷送人である。ただし，運送品が全部滅失したときには，荷受人も損害賠償を請求することができる（商581条1項・2項）。

運送人は運送に使用した履行補助者の過失についても責任を負う。民法上，債務者は履行補助者の過失について責任を負うものと解されている（一問一答商法改正28頁）。履行補助者には，運送人が契約した運送取扱人，運送人と雇用関係のある使用人，運送人と雇用関係のない下請運送人などが含まれる。運送人が責任を免れるためには，運送人自身についてだけでなく，履行補助者についても過失のないことを証明する必要がある。

本条において，「滅失」とは，物理的な滅失を意味するだけでなく，運送品が誤って荷受人以外の第三者に引き渡された場合も含む。「損傷」とは，運送

品が物質的に損傷を生じたことにより，価値の減少したことをいい，市場価値の変動に基づく価値の減少をいうのではない。「延着」とは，運送品が到着すべき時期に到着しないことを意味するが，到着すべき時期は，契約により定められることもあるし，また，当該運送における慣習により定まることもある。なお，本条は任意規定であるから，当事者間の特約により軽減することまたは免除することも可能である。

(2)　運送人の損害賠償の額

　運送人が負う損害賠償の額については，基本的なルールとして，運送品の滅失または損傷の場合における損害賠償額は，その引渡しがされるべき地および時における運送品の市場価格（取引所の相場がある物品については，その相場）によって定めるものとされている。市場価格がないときは，その地および時における同種類で同一の物品の正常な価格によって定める（商576条1項）。滅失または損傷があった状態でさらに延着があった場合における損害賠償の額は本条の規定によることになる。

　上記の規定による損害賠償額は，債務不履行に基づく損害賠償として民法416条の定める完全な損害賠償の範囲と異なっており，それを制限して一定の限度に限るとする特則である。大量の運送品を低廉な料金で運送する運送企業にとって，運送において生じた事故にあたり民法の原則の定める完全賠償を求められることは，過重な負担となるため，運送企業の経営の安定と存続を保護するため，賠償額の範囲を画一化して定型化している。損害を理由に運送人に対して損害賠償を請求する者は自己の損害額を証明する責任を負うが，引渡しのあるべきだった日の引渡し地における市場価格等を証明すべきことになる。

　上記規定は，損害を被った者の通常的な損害額を定型化するため，損害額の定め方を引渡し地における引渡し予定時における当該運送品の市場価格を基準にして定めるものとしている。運送品の一部滅失または損傷の場合には，完全な状態の当該運送品の引渡しのあったときのその地における市場価格から，一部滅失・損傷した状態における価格を差し引いた差額が損害賠償額と

なる。運送人は，実際の損害がこれにより算定される額以上の損害であっても
もそれを賠償する必要はない。その反面，実際の損害額がこれを下回る場合
にも，それを証明して賠償額を低下させることはできない（通説）。なお，上
記の損害賠償額には運送賃その他の費用が含まれているのが常であるから，
運送品の減失または損傷のために支払うことを要しなくなった運送賃その他
の費用は，損害賠償額から控除される（商 576 条 2 項）。さらに，本条の損害
賠償額の定額化の立法趣旨は運送企業の保護にあるから，運送人の故意また
は重大な過失によって運送品の減失または損傷が生じた場合には，適用され
ない（商 576 条 3 項）。この場合には，運送人は，民法の原則（民 416 条）によ
り完全賠償の責任を負う。

　最高裁判例には，「本条 1 項の立法趣旨からして，運送品が全部減失したに
もかかわらず荷送人または荷受人に全く損害が生じない場合についてまで運
送人に損害賠償責任を負わせるものではない」とするものがある（最判昭 53・
4・20 民集 32 巻 3 号 670 頁）。

　本条においては，運送品が，減失・損傷がなく単に延着した場合の損害賠
償額については定められてはいない（運送人の故意または重大な過失による場合
も同様）。この場合における損害賠償の額は，民法の原則（民 416 条）に従って
相当因果関係にある範囲の損害の額となるが，これについては，必要に応じ
て当事者間の契約で事前に定めておくことができる（中間試案 49 頁）。実務上
では，延着した場合の損害賠償額につき運送賃の総額を上限とする旨の約款
が多いとされ，標準貨物自動車運送約款では，延着した場合の損害賠償額に
ついて運賃，料金等の総額を限度とする旨を定める（同約款 47 条 5 項）ととも
に，運送人の悪意または重大な過失によって運送品の減失，損傷または延着
が生じたときは，それにより生じた一切の損害を賠償する旨を定めている
（同約款 48 条）。

(3)　高価品についての損害賠償の特則

　上記(1)の責任にもかかわらず，貨幣，有価証券その他の高価品については，
荷送人がその種類および価額を通知した場合を除き，運送人は，その減失，

損傷または延着によって生じた損害を賠償する責任を負わないとされている（商577条）。この規定と同趣旨の規定は，運送取扱営業および場屋営業について設けられている（商564条・597条）。商法577条の趣旨は運送人の保護にある。運送人は，運送品が高価品であることの通知を受けることにより，高価品の運送を引き受けるか否かを事前に判断でき，また，運送を引き受けるときには高価品にふさわしい運送体勢をとりそれに応じた運送賃を請求することができるとともに，運送品に被害が生じたときに予期せぬ高額な賠償を請求されることもなく，過酷な責任を回避できることになる。

高価品とは，容積・重量の割に著しく高価な物品をいう（最判昭45・4・21集民99号129頁）。具体的には，貨幣，有価証券の他，貴金属，宝石，証書等であるが，現代では重要情報を収録した記憶媒体も含まれる。高価品について，荷送人からその種類および価額の通知がない場合には，運送人は損害賠償責任をまったく負わないことになるのか，それとも責任を負う場合があるのか，責任を負うとしたらどの程度の責任なのかなどの論点について従来学説・判例上で議論があった。そこで，平成30年商法改正は，商法577条第2項で，同条第1項の規定は，「物品運送契約の締結の当時，運送品が高価品であることを運送人が知っていたとき」および「運送人の故意または重大な過失によって高価品の滅失，損傷または延着が生じたとき」には適用しない旨を定めた。この第2項は，物品運送に関して，荷送人と運送人との間の公平を図るとの観点から設けられたものである。この場合には，運送人は高価品について運送契約上の債務不履行に基づく損害賠償責任（商575条）を免れ得ないが，荷送人が高価品の通知をしなかったことは過失相殺事由となる。

◆コラム──最判昭55・3・25集民129号339頁，判時967号61頁━━━━━
　Xは物品運送業を営むY会社の使用人に対し，ダイヤモンド等の宝石の入った段ボール箱2個を引き渡して，東京から大阪，福岡へ航空便による運送を委託した。しかし，この使用人は，これらの貨物を自動車（バンタイプの車）に積み込んだ際に，後部扉を下ろしただけで施錠せず，また，扉が完全に嵌合してボタンを押さない限り開扉しない状態になっているかを確認しないまま，次の集荷先に向けて発車し，走行中に当該貨物のうち1個が路上に落下して紛失してしまった。

XのYに対する不法行為に基づく損害賠償請求について，控訴審判決（東京高判昭54・9・25判時944号106頁）は，現行法と異なる平成30年改正前商法の下で，本件貨物の内容物は高価品であるところ，運送の委託にあたりXは価額の明告をしていないが，仮に高価品の明告にかかる規定（改正前商578条）が不法行為法上の責任にも適用があると解しても，本件貨物の滅失はYの使用人の重過失により生じたのだから，Yは責任を免れ得ないとした。上告審では，Yの使用人に重大な過失があったか否かが争われたが，本判決は重過失の存在を肯定した。

(4) 運送人の責任の特別消滅事由

運送品の損傷または一部滅失がある場合の運送人の責任は，荷受人が異議をとどめないで寄託物を受け取ったときは消滅するが，運送品に直ちに発見することができない損傷・一部滅失があった場合には，荷受人が引渡しの日から2週間以内に運送人に対してその旨の通知を発したときは消滅しない（商584条1項）。なお，本条は運送品の全部滅失の場合には適用がないことは条文から明らかである。

本条の立法趣旨は，運送品に損傷または一部滅失のあるときに荷受人が異議をとどめずに運送品を受け取った場合には，後日損害賠償等の問題が生じないと考えた運送人が，損害と責任にかかわる証拠を放棄してしまうというリスクを回避させ，また，いつまでも証拠を保全しておく必要はないものとして，運送人の責任関係を速やかに短期間で消滅させることにより，低廉な運送賃で多量の運送を引き受ける運送人を保護することにある。この立法趣旨は，期間の経過による運送人の責任の消滅（運送人の責任を追及する者は1年以内に裁判上の請求をすることを要するとする）に関する規定（後述(5)〔171頁〕）と共通する。ただし，商法584条第2項は，運送品の引渡しの当時，運送人がその運送品に損傷または一部滅失があることを知っていたときは，第1項は適用されないとする。運送人を保護する理由に照らして，このように運送人に悪意がある場合には運送人を保護する必要はないからである。

荷送人と運送契約を締結した運送人（元請運送人）が実際の運送を下請運送人に委託した場合において，荷受人が商法584条1項但書の2週間の期間の

経過直前に運送人に対して損傷等の通知を発してきたときは，運送人が下請運送人の損害賠償責任を消滅させることなく，この者に対する求償の可能性を保全するために通知をすることが時間的に困難な場合があり得る（このような事態は，運送の途中に長期の運送期間を要する海上運送の区間が含まれる場合に生じ得る〔一問一答商法改正39～40頁〕）。そこで，運送人（元請運送人）の保護のために，運送人に対する第三者（下請運送人）の責任にかかる第1項但書の期間は，運送人が当該通知を受けた日から2週間を経過する日まで延長されたものとみなされる（商584条3項）。

(5) 期間の経過による運送人の責任の消滅

　上記(4)に示す運送人の責任の特別消滅事由からは，運送品の全部滅失の場合，および運送品の引渡し時に運送人が運送品の損傷または一部滅失があることを知る場合は除外されている。したがって，これらの場合には，運送人の責任は民法166条1項の定める時効期間に服することになりそうである。そして，特別消滅事由に該当する場合については，倉庫営業者の責任について（後述）と同様に短期の消滅時効期間の定めを置くことも考えられたであろう。しかし，平成30年商法改正は，時効制度によらずに除斥期間として構成し，責任の特別消滅事由に該当しない場合をも含めて，運送品の滅失等（運送品の滅失，損傷または延着をいう〔商578条1項〕）についての運送人の責任は，運送品の引渡しがされた日（運送品の全部滅失の場合にあっては，その引渡しがされるべき日）から1年以内に訴の提起等による裁判上の請求がされないときは，消滅するとした（商585条1項，参照民訴147条）。その理由としては，上記(4)の運送人の保護の趣旨に加えて，不特定多数の運送品を反復継続的に運送する運送人のリスクの予見可能性を高めるべきこと，運送品の引渡し後1年が経過してから運送人の主観的態様が争われることは適当ではないこと，および，荷主が賠償請求に要する準備期間は，運送人の主観的態様によって異ならないことが挙げられている（一問一答商法改正41頁）。

　なお，商法585条1項の期間は，運送品の滅失等による損害が発生した後に限り，当事者間の合意により，延長することができる（同条2項）。そして，

171

運送人（元請運送人）が下請運送人に対して求償する可能性を保全することに配慮して，運送人がさらに第三者に対して運送を委託した場合において，運送人が1年以内に損害を賠償しまたは裁判上の請求をされたときは，運送人に対する第三者の責任にかかる1年の期間は，運送人が損害を賠償しまたは裁判上の請求をされた日から3ヶ月を経過する日まで延長されたものとみなされる（同条3項）（一問一答商法改正41～42頁）。

(6)　運送人の不法行為責任との関係

従来，運送人の責任に関して，債務不履行責任と不法行為責任との関係が議論されてきた。具体的には，商法577条，584条等の規定は債務不履行責任に適用があるだけでなく，不法行為責任にも適用があるのか，不法行為責任は追及できないのかが議論されてきた。

判例は，上記の論点のうち，運送人の責任に関し，債務不履行に基づく損害賠償請求権と不法行為に基づく損害賠償請求権とは競合が認められるとしてきた（最判昭44・10・17集民97号35頁）。これを前提として，平成30年商法改正は587条を新設して，576条，577条，584条および585条の規定は，運送品の滅失等についての運送人の荷送人または荷受人に対する不法行為による損害賠償責任について準用するとしている（商587条本文）。このような規定を置いた理由は，高価品に関する特則，損害賠償額の定額化，責任の消滅に関する規定により運送人の契約上の責任を限定しているのは，運送人の責任について画一的にその責任の額を定め，また早期かつ画一的に消滅させる必要性が高いためであるから，この立法趣旨を全うするためには，これらを運送人の不法行為責任にも及ぼすべきであると考えられたことにある（一問一答商法改正43頁）。

ところで，自ら運送人と運送契約を締結した荷送人については，上記規律の適用は問題ないにしても，運送契約段階で運送人と直接契約関係に立たない荷受人にこの規律を及ぼすことには疑問がないわけではない。この点に関して，荷受人が宅配便運送約款における責任の限度額を超える不法行為責任を追求した事案につき，「荷受人が宅急便により荷物が運送されることを容

認していたという事情が存するときは，責任限度額の適用がある」とした判例（最判平 10・4・30 集民 188 号 385 頁）を踏まえて，商法 587 条但書は，荷受人があらかじめ荷送人の委託による運送を拒んでいたにもかかわらず荷送人から運送を引き受けた運送人の荷受人に対する責任については，同条本文は適用されないとする。すなわち，荷受人が当該運送人による運送を容認していた場合，または荷受人が運送品を受け取りこれと同視してよい場合には，一定の不利益を負担することもやむを得ないと解される。反対に，荷受人が荷送人の委託による運送を拒んでいた場合（荷受人が自ら運送を手配する旨明言して，あらかじめ荷送人の手配する運送を拒んでいた場合）には，公平の観点から，荷受人の損害賠償請求権を制限することは相当でないと解される（一問一答商法改正 44 頁）。

◆コラム──最判平 10・4・30 集民 188 号 385 頁，判時 1646 号 162 頁━━━━

　貴金属の販売・加工等を業とする X 会社は，ダイヤモンド等の枠加工を A に請け負わせていたが，A は加工を終えたダイヤモンド等の宝石を入れて荷造りをした箱を，Y の宅配便を利用して X に送るため，Y の代理店に引き渡した。ところが，本件荷物は，運送途中で原因不明のまま紛失した。Y は標準宅配便約款に従った約款を定めて，送り状に荷送人は氏名の他，荷物の品名・価格等を記載し，Y は運賃の他，責任限度額を記載するものとしており，Y はこの責任限度額を 30 万円と定め，送り状には 30 万円を超える品物は引き受けないこと，仮に出荷しても損害賠償の責めを負わない旨を印刷し，また，ダイヤモンドなどの宝石類は引受けを拒絶する場合がある旨を店頭に掲示していた。しかし，A と X の間では宝石類を宅配便で送ることが常態化しており，X は Y の宅配便契約の内容を知っているとともに，A が本件宝石を Y の宅配便で送付することをあらかじめ容認していた。X の Y に対する約 400 万円の損害賠償請求について本判決は次のように判示した。すなわち，低額な運賃によって大量の小口の荷物を迅速に配送することを目的とする宅配便の特質からすると，運送業者が引受けた荷物が運送途上において滅失または毀損したとしても，故意または重過失がない限り，その賠償額をあらかじめ定めた責任限度額に限定することは，運賃を可能な限り低い額にとどめて宅配便を運営していく上で合理的なものであると解され，その趣旨からすれば，責任限度額の定めは，運送人の荷送人に対する債務不履行に基づく責任についてだけでなく，荷送人に対する不法行為に基づく責任についても適用されると解す

べきであるとした上で，Xが本件運送契約上の責任限度額である30万円を超えて損害賠償を請求することは，信義則に反し許されないと判示した。

(7) 運送人の被用者の不法行為責任

商法587条の規定により運送品の滅失等についての運送人の損害賠償責任が免除・軽減される限度において，その運送品の滅失等についての運送人の被用者（運送のために運送人に使用され，その選任・監督を受ける者）の荷送人・荷受人に対する不法行為による損害賠償責任も，免除・軽減される（商588条1項）。運送人の責任を超えてその被用者だけが責任を負うことは相当ではないとともに，被用者に重い責任を課すと，事実上運送人に最終的に転嫁され，運送人の責任の減免を認める商法587条の立法趣旨が損なわれるためである。ただし，運送人の被用者の故意または重大な過失によって運送品の滅失等が生じたときは，責任の減免は適用がない（商588条2項）。これは運送人の責任と同様である。

5 運送人の権利

(1) 送り状交付請求権

運送人は，荷送人に対して送り状の交付を請求することができる（商571条）。

運送人は，送り状により到達地と荷受人を確認でき，運送品に適した運送を手配できるとともに，荷受人は，荷送り品と到着した運送品とを照合できる。

(2) 運送賃請求権

運送契約は請負契約の一種であり，運送賃は仕事の完成に対して支払われ

る報酬であるから，特段の合意がない限り，民法の原則（民 633 条本文）と同じく，運送賃は，到達地における運送品の引渡しと同時に，支払わなければならない（商 573 条 1 項）。したがって，運送人は，到達地において荷受人に運送品を引き渡さなければ運送賃の請求はできないことになる。本規定は，物品運送において，運送人が運送品を荷受人に引き渡すことと運送賃の支払とが対価関係にあり，運送品の引渡しと運送賃の支払とが同時履行の関係にあることを示している（一問一答商法改正 26 頁）。

ただし，契約当事者である荷送人，運送人双方の責めに帰することのできない事由によって，運送品が滅失または損傷してその引渡しをすることができなくなったときは，双務契約について履行が不能となった場合における危険負担に関する原則を定める民法 536 条 1 項が適用され，荷送人は運送賃の支払いを拒むことができる。この場合に，運送人がすでにその運送賃を受け取っていたときは，不当利得にあたるので，荷送人はその返還を請求することができる。

運送品がその性質や瑕疵によって滅失し，または損傷したときは，荷送人は，運送賃の支払いを拒むことができない（商 573 条 2 項）。荷送人の過失などその責めに帰すべき事由により，滅失・損傷したときも同様である（民 536 条 2 項）。

(3) 費用償還請求権

運送人は，運送賃に付随する費用および立替金（これらと運送賃を合わせて，商法 574 条は「運送賃等」と呼んでいる），たとえば，保険料，荷造り費用，通関費用などを立て替えている場合には，その償還を請求できる。運送賃と異なり，これらの費用については，荷送人，運送人双方の責めに帰することのできない事由による運送品の滅失，損傷の場合にも請求することができると解される。

(4) 留置権・先取特権

運送人には，民法上の留置権および先取特権が認められるが（民 295 条・320

条），商法は，運送人は，運送品に関して生じた運送賃，付随の費用，および立替金（運送賃等という）にかかる債権についてのみ，その弁済を受けるまで，その運送品を留置する権利を有するとする（商574条）。さらに，荷送人が商人であり，運送品がこの者の所有する物品または有価証券である場合には，商法上の留置権を有する（商521条）。

(5)　運送品の供託・競売権

運送人は，荷受人が不明で確知できないときは，運送品を供託することができる（商582条1項）。この場合に，運送人が荷送人に対し相当の期間を定めて運送品の処分につき指図をすべき旨を催告したが，荷送人が指図をしないときは，運送人は当該運送品を競売に付することができる（商582条2項）。ただし，損傷その他の事由による価格の低落のおそれがある運送品については，催告をしないで競売に付することができる（商582条3項）。運送人は，競売に付したとき，その代価を供託しなければならないが，それを運送賃等に充当することもできる（商582条4項）。運送人は，上記の供託または競売に付したことを，遅滞なく荷送人に対してその旨の通知を発しなければならない（商582条5項）。

以上の商法582条の規定は，荷受人が運送品の受取を拒む場合またはこれを受け取ることができない場合についても準用される（商583条）。

(6)　運送人の債権の消滅時効

運送品の滅失等についての運送人の責任は，1年以内に裁判上の請求がされないときは除斥期間の経過により消滅する（商585条1項）ことに対応して，運送人の荷送人または荷受人に対する運送賃等の債権は，民法166条1項の特例として短期消滅時効に服するものとして，これを行使することができるときから1年間これを行使しないときは時効によって消滅するとされている（商586条）。運送人の債権とは物品の運送につき生じた一切の債権を指し，運送賃だけでなく，付随の費用，立替金（運送賃等）などが含まれる。

6 荷受人の権利・義務

　荷受人は，運送品が到達地に到着した場合，または運送品の全部が滅失した場合には，物品運送契約によって生じた荷送人の権利と同一の権利を取得する（商581条1項）。荷送人は，運送人に対して処分権を有し，運送の中止や，荷受人の変更等の処分ができるが，運送品の到達地への到着後は，この荷送人の処分権と，荷受人の運送品を受け取る権利または運送品の一部滅失・損傷のあるときの損害賠償請求権，および運送品が全部滅失して到着しなかったときに損害賠償を請求する権利とは併存することになる。この場合に，荷送人と荷受人との間では，荷送人の処分権が荷受人の権利に優先すると解される。しかし，荷受人が運送人に運送品の引渡しを請求したとき，または，荷受人が運送人に対して運送品の全部滅失を理由に損害賠償の請求をしたときは，荷受人の権利が優先して，荷送人はその権利を行使することができなくなる（商581条2項）。これは，国際売買契約において，運送品の船積み時にその滅失の危険が買主に移転する旨の契約条件が定められることが多く，このような場合には，売主である荷送人は運送品の滅失について運送人の責任を追及するインセンティブを有さないため，荷受人が損害賠償の請求をしたときは，荷送人の権利に優先するものとする必要があるためである（一問一答商法改正36頁）。

　荷受人は，運送品を受け取ったときは，荷送人により未だ運送賃等（商574条）の支払がなされていない場合には，運送人に運送賃等を支払う義務を負う（商581条3項）。荷送人も同様にこの運送賃等を支払うべき義務を負っているので，両者の義務は不真正連帯債務の関係になる。

　以上のような荷受人の地位を法的にどのように根拠づけて考えるのかに関しては議論がある。これを第三者のためにする契約（民537条1項）であって，荷受人の契約の利益を享受する意思表示（民537条3項）は必要としないと解する説があるが，これについては，荷受人が運送賃等の支払義務を負うのと矛盾しないか，この支払義務は法定の義務ではないかと指摘される。さらに，第三者のためにする契約においては，第三者（荷送人）の権利が発生した後は，

当事者（荷送人）はこれを変更し，または消滅させることができないとされている（民538条1項）のに対して，荷送人はそのときにも，荷受人が引渡請求をするまでは，未だ処分権を有していて行使できるではないかとの疑問が指摘されている（近藤光男・商法総則・商行為法［第8版］（2019年，有斐閣）213頁）。近時においては，荷受人の権利義務は法の規定に基づいて生じると解する説が有力である。

7　複合運送および相次運送

(1)　複合運送

陸上運送，海上運送，航空運送のうち2以上の運送を1つの運送契約で引き受ける場合を複合運送契約という。複合運送契約の存する場合に，運送品の滅失等（運送品の滅失，損傷または延着をいう）が生じたときの運送人の損害賠償責任は，当該複合運送契約の準拠法が日本法であって商法の適用があることを前提として，それぞれの運送においてその運送品の滅失等の原因が生じた場合に当該運送ごとに適用されることとなる我が国の法令または我が国が締結した条約の規定に従うものとされている（商578条1項）。これによるのが一般的に予見可能性が高いと考えられ，不都合があれば，当事者間で異なる合意をすればよいと考えられるためである。上記の適用される規定には，我が国の商法，国際海上物品運送法等の法令の他，海上運送・航空運送にかかる条約が含まれる。

商法578条1項の複合運送契約の定義によれば，陸上運送であってその区間ごとに異なる2以上の我が国の法令が適用されるものを1つの運送契約で引き受けた場合，たとえば，商法の適用があるトラック運送と鉄道営業法の適用がある鉄道運送とを引き受けた場合は複合運送契約に該当しないことになると解されるが，このような場合にも複合運送として同条1項が準用される（商578条2項）。

複合運送において，運送品の滅失等がある場合に，その原因が生じた運送

区間が不明なときには商法578条の規定によることはできず，複合運送人は，商法第2編第8章第2節に定める物品運送の運送人の責任に関する総則的規律に従った責任を負うことになる。この場合には，荷送人は運送中に滅失等が生じたことを主張すればよく，運送人が滅失等の原因が生じた区間を特定できない限り，これによることになる。ただし，当事者間で特約によりこれと異なる合意をすることができる（一問一答商法改正34頁）。

(2) 相次運送

運送距離が長距離になると，1つの運送企業が全行程の運送を実行することは難しくなり，1個の運送について複数の運送企業が運送の実行に関与する場合がある。これが「数人の運送人が相次いで運送をなす場合」であり，これを相次運送という。相次運送の形態には以下の種類がある。

① 下請運送　第1の運送人が全区間の運送を引き受け，その全部または一部を他の運送人に下請けとして運送させる場合である。

② 部分運送　同一の運送について，数人の運送人が独立して特定の部分区間ごとに運送契約を締結して運送する場合である。

③ 同一運送　数人の運送人が共同して全区間の運送を引き受ける契約を締結し，内部関係において各運送人の分担区間を定めて運送する場合である（共同運送ともいう）。

④ 連帯運送　第1の運送人が荷送人から運送を引き受け，他の運送人が荷送人のために相次いで運送を引き受ける場合である。この場合には，第1の運送人との間で1通の運送状（通し運送状）により運送契約が締結され，その荷送人のために他の運送人が相次いで当該運送の一部を引き受ける。

商法学説は，上の④を狭義の相次運送とし，他のものを広義の相次運送として区分している。商法579条は，後述するように，その第1項および第2項は，広義の相次運送にも適用されるが，第3項は狭義の相次運送にのみ適用されると解される。

数人の運送人が相次いで陸上運送をするときは，後の運送人は，他の運送人に代わってその権利を行使する義務を負い（商579条1項），後の運送人が

前の運送人に弁済をしたときは，後の運送人は，前の運送人の権利を取得する（同条2項）。数人相次いで運送をする場合に，運送人は，到達地において運送品を荷受人に引渡した時点で運送賃の支払を請求できる（商573条1項）とされていることとの関係で，運送品を次の運送人に引き渡した運送人は，運送品をもはや手中に有していないため，運送賃等の債権の行使のために留置権等を行使できなくなっているから，後の運送人に権利の行使を義務づけ，後の運送人が前の運送人への弁済により前の運送人の権利を代位する旨を定めている。これらの規定の趣旨は，前の運送人の保護にあると考えられるから，その適用範囲には狭義の相次運送だけでなく，広義の相次運送も含まれると解される。

　第1の運送人が引き受けた陸上運送についてその荷送人のために他の運送人が相次いで当該陸上運送の一部を引き受けたときは（連帯運送），各運送人は，運送品の滅失等につき連帯して損害賠償の責任を負う（商579条3項）。この規定は狭義の相次運送についてのみ適用があると解される。なぜなら，上記の①の場合には，元請運送人が全責任を負うのであり，②にあっては運送人間には何の関係もなく，③については商法511条1項により連帯債務を負うとされているからである。

8 旅 客 運 送

(1) 旅客運送契約

　商法は旅客運送契約について，物品運送契約（商570条）と共通する定義規定をおいている。すなわち，旅客運送契約は，運送人が旅客を運送することを約し，相手方がその結果に対してその運送賃を支払うことを約することによってその効力を生ずる，諾成・双務契約である（商589条）。それが請負契約の一種であることも同じである。物品運送と異なり，運送対象は通常は契約の相手方である旅客自身であるが（旅客運送契約にあたっては，運送される旅客以外の者が契約の相手方となる場合もある），運送対象を到達地まで運送するこ

とは共通している。旅客運送契約においては，運送賃は運送に先立って前払いされるのが一般的である。

陸上運送としての旅客運送には，鉄道，乗合バス，モノレール等による運送が該当する。陸上運送としての旅客運送に関しても，旅客運送営業を営む旅客運送人に関する行政的規制として，鉄道営業法，軌道法，道路運送法等が適用される。また，運送契約の一種として，旅客運送契約においては，不特定多数の顧客を相手方とする契約として，その内容には幅広く，運送人が作成した旅客運送に関する運送約款が利用されている。この約款は定型契約に該当するものである。鉄道やバスによる運送にあたり，乗客に対しその都度，民法548条の2第1項2号にいう「あらかじめその定型定款を当該運送契約の内容にする旨の表示」を適切にすることは容易ではないため（筒井健夫・村松秀樹編著・一問一答民法（債権関係）改正（2018年，商事法務）250頁），この要件の充足のためには，あらかじめその定型約款を内容とする旨を公表すれば足りる旨の特則が設けられている（鉄道営業法18条ノ2，軌道法27条ノ2，道路運送法87条）。

旅客運送に関しては，乗車券の有価証券性の有無が議論されてきた。一般的な紙製の無記名の乗車券（切符）は，旅客運送に関する運送契約上の権利を行使するためには，この乗車券を呈示するかまたは引き渡す必要があること，さらに，この運送債権を他に譲渡するためにはこれを交付する必要があることから，有価証券と解するが適当である（有力説）。しかし，改札を通過した後は，譲渡は禁止され，単なる証拠証券に変わる。また，記名式の定期券も単なる証拠証券と解されている。けれども，近時は，上記の乗車券に代わるものとして，Suica，ICOCA や PASMO などのように鉄道会社，バス会社等の発行する電子マネーに分類される IC 乗車券が広く利用されるようになっている。

(2) 旅客運送人の責任

① **旅客運送人の損害賠償責任**　　旅客運送人は，運送人が運送に関して注意を怠らなかったことを証明したときを除き，旅客が運送のために受け

た損害を賠償する責任を負う（商590条）。運送人は旅客運送について運送契約上の注意義務を負うから，この損害賠償責任は債務不履行による責任であり，物品運送人の責任（商575条）と同様である。運送人は，帰責事由の不存在について証明しなければ損害賠償責任を負う。旅客が運送のために受けた損害には，旅客の生命・身体・衣服に受けた損害の他，延着による損害も含まれる。また，将来得べかりし利益の喪失による損害も含まれる（大判大2・10・20民集19輯910頁）運送人は運送に使用した履行補助者の過失についても責任を負う。

② **旅客運送人の損害賠償の額**　　　損害賠償の範囲については，民法の一般原則（民416条）によることになる。旅客運送契約も運送契約の一種であり，旅客運送人は運送約款により，運送にあたり旅客に生じた損害の賠償責任の免除，軽減を定めることができる。しかし，旅客の生命または身体の侵害による運送人の損害賠償の責任を免除し，または軽減する特約は，無効とされている（商591条1項）。このような免責特約の無効の原則は，旅客運送に関する総則的規律として，陸上・海上・航空運送の別を問わずに適用される。免責特約の排除の理由は，旅客運送契約が，車両等に旅客を乗せて高速度で場所的に移動するものであることから，人の生命または身体に対する危険性の高いものであるため，旅客にとってその正当な利益を一方的に制限する責任を減免する特約は認めるべきではないことにある（一問一答商法改正49頁）。この顧客にとって不利益な免責特約を原則的に無効とする規定は，運送人の責任に関する片面的強行規定ということになる。運送人としては，この点を踏まえて，運送人の側で旅客運送に関して支払う可能性のある損害賠償に備えて保険契約を締結しておくなどの対応が求められる。

　その反面，この損害賠償責任の免責特約を無効とする原則的規律の例外として，免責特約のうち運送の遅延を主たる原因とするものは，一律に無効とはしていない（商591条1項かっこ書）。このような規定の趣旨は，列車等の遅延はしばしば発生し，運送人の帰責事由の有無の究明も容易ではなく，免責特約の余地を認めないと，遅延の都度多数の旅客との間に大量の紛争が生じて，運送事業の合理的運営を阻害し，かえって運送賃の上昇を招きかねないことにある（一問一答商法改正49頁）。

また，㋐大規模な火災，震災その他の災害が発生し，または発生するおそれがある場合において運送を行うとき，および，㋑運送に伴い通常生ずる振動その他の事情により生命または身体に重大な危険が及ぶおそれがある者の運送を行うときについても，本条第1項の免責特約の原則無効の適用除外としている（商591条2項）。㋐にあっては，被災地に救援物資を届ける者や報道関係者など，㋑にあっては，転院を求める重病人などについて，運送を行う必要性が高い場合であるが，いずれの場合についても免責特約が認められる余地がないとすると，運送人が運送の引受けを躊躇し，真に必要な運送サービスが確保されないおそれがあることが理由である（一問一答商法改正50頁）。

運送人が上記の例外的に一律無効とならない免責特約を定めていた場合にも，当該免責特約の内容，運送人の過失の程度，旅客に生じた損害の程度等の事情を踏まえて，消費者契約法10条または民法90条により当該免責特約が無効とされる可能性がある（一問一答商法改正50頁）。

③ 旅客の手荷物に関する運送人の責任

㋐　**引渡しを受けた手荷物について**　　旅客運送人は，旅客から引渡しを受けた手荷物については，運送賃を請求しないときであっても，物品運送契約における運送人と同一の責任を負う（商592条1項）。したがって，この運送人の責任については，物品運送人の損害賠償責任に関する商法575条，576条および高価品の通知に関する577条，さらに，運送人の責任の消滅等に関する584条，585条，587条の適用がある。運送人は，損害賠償責任を免れるためには，引渡しを受けた手荷物について注意を怠らなかったことを証明することを要する（商575条参照）。運送人の被用者については，旅客から引渡しを受けた手荷物について，物品運送契約における運送人の被用者と同一の責任を負うことになるから（商592条2項），被用者の不法行為責任に関する同法588条の適用がある。

他方，運送人の手荷物引渡債務を早期に消滅させるために，引渡しを受けた手荷物が到達地に到着した日から1週間以内に旅客がその引渡しを請求しないときは，運送人は，その手荷物を供託し，または相当の期間を定めて催告をした後に競売に付することができる。この場合に，運送人が当該手荷物を供託し，または競売に付したときは，遅滞なく旅客に対してその旨の通知

を発しなければならない（商592条3項・6項）。また，損傷その他の事由による価格の低落のおそれがある手荷物については催告をしないで競売に付することができる（商592条4項）。

（イ）**引渡しを受けていない手荷物について**　旅客から引渡しを受けていない手荷物（身の回り品を含む）の滅失または損傷については，運送人は，故意または過失がある場合を除き，損害賠償責任を負わない（商593条1項）。この場合には，運送人（その被用者を含む）の故意・過失の証明責任は旅客が負うことになる。運送人が引渡しを受けていない手荷物について，引渡しを受けてその保管の下にある手荷物についてよりも重い責任を負うのは不均衡になるから，物品運送に関する商法576条1項・3項，584条1項，585条1項・2項，587条（576条1項・3項，584条1項，585条1項・2項の規定の準用にかかる部分に限る），588条の準用がある（商593条2項）。なお，その性質上引渡しを受けていない手荷物に及ぼすことは不適当な高価品についての通知に関する商法577条の準用はない。

(3)　旅客運送人の旅客に対する債権の消滅時効

　旅客運送人の旅客に対する運送賃等の債権の消滅時効に関しては，物品運送の運送人の荷送人等に対する債権についての規定（商586条）が準用される。民法166条1項の特例として短期消滅時効に服するものとして，この債権を行使することができるときから1年間これを行使しないときは時効によって消滅する（商594条）。運送人の債権には，旅客運送につき生じた一切の債権が含まれる。

第 8 章

運送取扱営業

1 運送取扱営業の意義

運送取扱人とは，自己の名をもって物品運送の取次ぎをすることを業とする者をいう（商559条1項）。したがって，運送取扱営業は問屋営業の一種であり，その営業対象は物品運送に限られる。ただし，ここでいう運送は陸上運送に限られず，海上運送または航空運送も含まれる。問屋営業は営業的商行為にあたるから（商502条11号），運送取扱人は商人であり（商4条1項），準問屋に該当する（商558条）。運送取扱人については，商法第7章に別段の定めがある場合を除き，問屋に関する規定が準用される（商559条2項）。また，運送取扱契約は委任契約の一種であるから，民法の委任に関する規定が準用される。運送取扱営業に関しては，行政上の規制が撤廃されており，当該営業を行うための登録等は不要である

運送取扱人は，委託者（荷送人）の依頼を受けて，この者との間に運送取扱契約を締結し，運送経路や運送人を選定して，実運送を行う運送人との間で運送契約を締結する。運送取扱人は，運送人に対して自己の名をもって委託者の計算において運送契約を締結することを業とする者ということになる。運送取扱人は，運送取扱契約の内容に従い，様々な手続の代行，通関のための書類の作成など，運送品の集荷，保管，運送人への引渡し，積込み，さら

図-5

には，到達地での貨物の受取を引き受ける。なお，荷送人の名をもって運送人との間の運送契約を締結するという場合には，代理にあたり，これは運送取扱いには含まれない。

　運送取扱いは，自らが運送するのではなく他人の支配する運送手段を利用するという点で利用運送と類似するが，利用運送の場合には，利用運送人が自ら荷送人との間で物品運送契約を締結する点で，取次ぎを行う運送取扱いとは異なる。また，運送取扱人は，委託者である荷送人に対して，運送人に支払う必要のある運送賃と自らの取次費用とを合算した金額を請求することになる。

2　運送取扱契約の委託者の権利と義務

　運送取扱契約の委託者は，運送中の運送品の滅失・損傷，延着の場合に，荷送人として，運送人に対して損害賠償の請求をすることができる。他方，運送取扱人に対しては，その取次業務の範囲内で責任を追及することができる（次項3）。運送品が危険物である場合には，委託者である荷送人は運送取扱人に対してその旨等を通知しなければならない（商564条・572条）。

3　運送取扱人の義務と責任

　運送取扱人と委託者とは委任関係にあるから，受任者である運送取扱人は，委託者に対して，委任の本旨に従い，善良な管理者の注意をもって，委任事務を処理する義務（善管注意義務）を負う（民644条）。この義務に反して委託者に損害を与えたときには，運送取扱人は債務不履行に基づく損害賠償責任を負うが，商法は，特別規定を置いて，運送取扱人は，運送品の受取から荷受人への引渡しまでの間にその運送品が滅失・損傷し，もしくはその滅失・損傷の原因が生じ，または運送品が延着したときは，これによって生じた損害を賠償する責任を負うとする（商560条本文）。運送取扱人の責任は，運送

取扱いが物品運送にかかる契約の補助的な役割を果たすことから，運送人が責任を負う運送区間も含めて責任が及び得るとされている。この責任は運送人の責任と同様であり，運送取扱人は，帰責事由のない場合は損害賠償責任を負わず，その運送品の受取，保管および引渡し，運送人の選択その他の運送の取次ぎについて注意を怠らなかったことを証明したときは，責任を免れ得る（商560条但書）。運送取扱人は，その業務に使用した履行補助者の過失についても責任を負う。

　商法560条で，運送品の受取とは，運送取扱人が委託者から運送品を受け取ることを，運送品の引渡しとは，運送取扱人が運送人に引き渡すことを指し，運送品の保管とは運送人に引き渡すまでの間の保管を指す。運送取扱契約で運送取扱人が到達地において運送品を引き渡すとされているときは，契約通りに運送品を引き渡すべき義務を負うから，荷受人が運送品の受取を拒んだ場合に，運送取扱人が荷送人に対しその旨を通知し指図を受けるなどをしないで第三者に引き渡したときは，運送品引渡しについて注意義務を尽くしたとはいえない（最判昭30・4・12民集9巻4号474頁）。

　運送取扱人の損害賠償責任に関しては，商法564条により運送人の責任に関する規定が広く準用されている。運送品が高価品の場合には商法577条が準用される他，運送取扱人の責任は，荷受人に対して運送品が引き渡された日から除斥期間である1年以内に裁判上の請求がされないときは消滅する（商585条の準用）。荷送人だけでなく荷受人も，運送取扱人に対して損害賠償を請求できる（商581条の準用）。委託者は，運送取扱人に対して債務不履行責任だけでなく不法行為責任を追求することも可能である（商587条の準用〔商577条・585条の準用〕）。運送取扱人の被用者の不法行為責任についても商法588条が準用されている。

　運送取扱人の損害賠償の額については，運送人の場合のような規定が置かれていないので，民法の一般原則に従うことになる。なお，運送取扱人の損害賠償に関しては，契約自由に従って，免責条項により減免の特約をなすことが可能である。

4 運送取扱人の権利

(1) 報酬請求権

運送取扱人は，運送人と運送契約を締結して荷送人から受け取った運送品を運送人に引き渡したときは，運送取扱人として委任された業務をすべて履行したことになるので，未だ運送品が荷受人に引き渡されていなくとも，直ちにその報酬を請求することができる（商561条1項）。ただし，これは通常的な場合を念頭に置いているので，運送取扱人が到達地において運送品を受け取りこれを荷受人に引き渡すことを引き受けている場合（これを到達地運送取扱人と呼ぶ）には，荷受人への運送品引渡しを完了したときに初めて報酬を請求することができる。

運送取扱契約において運送賃の額を定めた場合を，確定運賃運送取扱契約という。このときは，運送取扱人は，特約がなければ別に報酬を請求することができない（商561条2項）。ここでいう運送賃の額を定めるとは，運送品を委託者から受け取り荷送人まで届けるのに関して確定額を約定すること意味する。確定運送賃から実際に運送に要した運送賃を差し引いた額が運送取扱人の報酬部分にあたることになる。

(2) 留置権

運送取扱人は，運送品に関して受け取るべき報酬，付随の費用および運送賃その他の立替金についてのみ，その弁済を受けるまで，その運送品を留置する権利を有する（商562条）。

この留置権には，商人間の留置権の場合（商521条）と異なり，留置物と被担保債権との間の牽連関係が要求される。その理由は，通常は委託者と荷受人とは異なるとともに，委託者が同一人であっても多数の荷受人に宛てて運送されることも多いと考えられるから，運送取扱人に対して，たまたま自己の占有に帰しているが当該債権とは関係のない運送品を留置することを認め

ることは，当該運送品の荷受人の利益を害することになるためである。

(3) 介 入 権

運送取扱人は，自ら運送をすることもできる。この場合には，運送取扱人は，運送人と同一の権利義務を有することになる（商563条1項）。運送取扱いは取次取引の一種であり，問屋と同様に，運送取扱人にも介入権が認められているが，問屋の場合における「取引所の相場がある物品」といった要件は付されていない。運送取引については，運送賃や運送方法が一定化しているためである。実際上も，運送業者が運送取扱業を兼ねていることは多い。介入権は形成権の一種であり，運送取引契約において特約により介入権が排除されていない限り，運送取扱人は自由に介入権を行使できる。

運送取扱人は，介入権を行使して運送人となった場合には，運送人と同一の権利を有し義務を負い，運送人として運送賃を受け取るとともに，引き続き運送取扱人としての義務を負い，報酬等を受け取ることができる。

運送取扱人が委託者の請求により自分で船荷証券（商757条以下）または複合運送証券（商769条）を作成して交付するときは，自ら運送をなすものとみなされる（商563条2項）。これらの証券は運送人が作成すべきものだから，運送品を受け取った運送取扱人が船荷証券等を作成交付するということは，自ら運送を引き受けるとの意思を明確に示したものと解されるからである。

(4) 運送取扱人の債権の消滅時効

運送取扱人の荷送人に対する債権は，運送人の場合と同様に，これを行使することができるときから1年間行使しないときは消滅する（商564条・586条）。

5 相次運送取扱い

商法564条は，**相次運送取扱い**について相次運送に関する同法579条の権利の代理行使にかかる第1項と弁済による代位にかかる第2項および4項を準用している（第3項を除く）。

相次運送についてと同様に，相次運送取扱いに関しても，**広義の相次運送取扱い**には以下のものが含められる。

① **部分運送取扱い**　荷送人が数人の運送取扱人と各別に運送取扱契約を締結するものをいう。各運送取扱人は委託者である荷送人とそれぞれ別個に直接の法律関係に立つ。運送取扱人は運送品を運送人に引き渡した時点で委託者に報酬を請求できるから（商561条1項），この場合には，各運送取扱人は自分の担当区間について運送品を運送人に引き渡せば，委託者に報酬を請求できるため，上記準用規定の適用はない。

② **下請運送取扱い**　最初の運送取扱人（**元請運送取扱人**）が，前運送区間の運送取扱いを引き受け，その全部または一部の区間の運送取扱いを自己の計算において他の運送取扱人（**下請運送取扱人**）に委託するものである。この場合には，委託者と契約関係に立つのは，元請運送取扱人であって，下請運送取扱人は履行補助者の地位にあり，委託者と直接の法律関係に立つのではないから，同様に上記準用規定の適用はない。

③ **中間運送取扱い**　最初の運送取扱人が委託者のために自己の名をもって，最初の区間について運送人と運送契約を締結することを引き受け，次いで，第2の区間の運送について委託者のために中継地の運送取扱人と自己の名をもって委託者の計算で運送取扱契約を締結し，この中継地の運送取扱人が運送人と第2の運送契約を締結する場合である。その後に，この中継地の運送取扱人が最初の運送取扱人の計算においてさらに第3の区間の運送取扱人を選択して運送取扱契約を締結する場合や，到達地運送取扱人を選択して運送品の受取・引渡しを委託する場合もある。上記準用規定が適用されるのはこの**狭義の相次運送取扱い**とされる中間運送取扱いの場合である。したがって，数人の運送取扱人が相次いで運送取扱いをするときは，後の運送

取扱人は，前の運送取扱人に代わってその権利を行使する義務を負う（商564条・579条1項）。この場合に，後の運送取扱人が前の運送取扱人または運送人に弁済をしたときは，後の運送取扱人は，前の運送取扱人の権利を取得する（商564条・579条2項）。

■ 第 9 章 ■
寄　託

1 寄託の意義

　寄託とは，当事者の一方があるものを保管することを相手方に委託し，相手方がこれを承諾することによって効力を生じる契約である（民657条）。商法は，寄託について，倉庫営業者の行う倉庫営業とホテル・旅館等の場屋営業者の寄託にかかわる責任について規定を置いている。後者の場屋取引は様々な内容を有する契約によるものであり，場屋の主人の受寄物にかかわる責任はそれに付随して生じる。倉庫営業にはしっかりした構造の倉庫を利用して物品を保管するもの（営業倉庫業・トランクルーム）が該当する。寄託契約により物品を保管するという点で類似するがこれと区別されるものとして，コインロッカーや駐車場・駐輪場などがある。

　民法上の寄託契約においては，報酬を受けることなく寄託を受けた受寄者は，自己の財産に対するものと同一の注意をもって，寄託物を保管する義務を負い（民659条），有償寄託では善良な管理者の注意義務（善管注意義務）を負う（民400条）。これに対して，商法は，寄託を受ける商人の信用力を高め，寄託者の保護を図るため，報酬を受けると否とを問わず，商人がその営業の範囲内において寄託を受けた場合には，善良な管理者の注意をもって，寄託物を保管しなければならないとする（商595条）。ただし，商人がその営業の範囲内において他人のために行為をしたときは有償が原則である（商512条）。善管注意義務の内容や程度は，契約の目的・内容および取引上の社会通念・慣習等に照らして定まる（民400条参照）。なお，商法595条は任意規定であり，特約によってこれを軽減または免除することができる。

2　場屋営業者の寄託物に関する責任

(1)　場屋営業の意義

　旅館，飲食店，浴場その他の客の来集を目的とする場屋における取引をすることを業とする者を場屋営業者という（商596条）。したがって，場屋営業とは，一般公衆の来集に適した物的・人的施設を備えて，顧客にこれを利用させる各種サービスを提供することを目的とする営業を指す。これに該当する施設の種類は多く，たとえば，旅館，ホテル，レストラン，飲食店，映画館，劇場，ボウリング場，各種スポーツ施設，公衆浴場，理髪店，美容院などが挙げられる。これらの施設を用いた取引の内容は多様であり，業種に応じて，それぞれの営業を規制する行政法規の適用を受ける。客の来集を目的とする場屋における取引は営業的商行為に該当する（商502条7号）。

　場屋取引においては，当該施設に多数の顧客が出入りをし，ある程度の時間滞在することになるが，その際に，顧客が施設に持ち込んだ自己の所持品について，場屋営業者に寄託して保管を依頼するケース（これにより，場屋取引に付随する寄託契約が両者の間に成立する），または特に寄託することなく携帯しているケースで，その物品が滅失または損傷を受けるという事態が生じ得る。商法はこれらのケースについて，場屋営業者の責任に関して規定を置いている。

(2)　場屋営業者の責任

　① **寄託を受けた物品に関する責任**　　場屋営業者は，顧客から寄託を受けた物品の滅失または損傷については，不可抗力によるものであったこと

図-6

を証明しなければ，損害賠償責任を免れることはできない（商596条1項）。したがって，場屋営業者は自己または使用人の無過失を立証するだけでは損害賠償責任を免れることはできない。これはローマ法以来の伝統である，旅店主等に対して物品受領の事実だけでその損害につき結果責任を負わせるレセプトゥム（receptum）責任の考え方を承継するものであり，物品の受領に基づいて営業主に責任を負わせ，営業主の責任を強化して顧客の保護を図る趣旨である。

場屋営業者が責任を免れ得る要件である，上記規定中の「不可抗力」の意義については学説上対立がある。そのうち，(ア)主観説は，事業の性質に従い，最大の注意を払ってもなお避けられない事故の場合と解する。これについては，軽過失とそれより軽度の軽過失との区別が困難であるため，実質的には無過失責任と同義となると批判される。(イ)客観説は，事業の外部から発生した出来事で，通常その発生を予測できない事故の場合と解する。これについては，個々の営業の具体的な事情を離れて，純客観的に不可抗力の概念を認めるものであり，それでは企業の経済性をまったく無視した結果になるのではないかと批判される。そこで，(ウ)現在の通説である折衷説は，不可抗力とは，当該特定の事業の外部より発生した出来事で，通常必要と認められる予防方法を尽くしても防止できない事故の場合と解している。

② **寄託を受けない物品に関する責任**　　顧客が寄託していない物品であっても，場屋の中に携帯した物品が，場屋営業者が注意を怠ったことによって滅失し，または損傷したときは，場屋営業者は損害賠償責任を負う（商596条2項）。この責任は寄託を受けたことに基づく責任ではなく，場屋の利用関係に基づいて，法が場屋営業者に課している特別な法定責任である。「注意を怠った」とは過失の意味である。

商法596条の1項と2項の責任を分ける要件は，顧客から寄託を受けるか否かである。たとえば，ホテル，レストランの周辺に設けられた屋外の駐車場に顧客が自動車を自分で駐車させたときには，通常では自動車について寄託契約の存在を認めがたいが（高知地判昭51・4・12判時831号96頁），ホテルのフロント係が顧客からキーを受け取り自動車を駐車場に移動させたときは，当該自動車についてホテルが寄託を受けたと認められる（大阪高判平12・9・

28 判時 1746 号 139 頁)。

③ **特約による免責とその告示**　　商法 596 条の規定は任意規定であっ
て，特約によって減免することができるが，単に客が場屋の中に携帯した物
品につき責任を負わない旨を表示したというだけでは，場屋営業者は①②の
責任を免れることができない（商 596 条 3 項）。単なる一方的な告示では特約
とは認められないわけである。しかし，場屋営業者が告示をしたことにより，
顧客がこれを無視して被害を生じた場合には，過失相殺事由となり得る。

(3)　高価品についての特則

　上記(2)の責任にもかかわらず，貨幣，有価証券その他の高価品については，
顧客がその種類および価額を通知してこれを場屋営業者に寄託した場合を除
き，場屋営業者は，その滅失または損傷によって生じた損害を賠償する責任
を負わない（商 597 条）。この規定と同趣旨の規定は，物品運送および運送取
扱営業において設けられている（商 564 条・577 条）。商法 597 条の趣旨は，場
屋営業者は，物品が高価品であることの通知を受けることにより，高価品の
寄託を引き受けるか否かを事前に判断でき，引き受けたときにはそれにふさ
わしい保管方法をとるように配慮できるとともに，被害が生じたときに予期
せぬ高額な賠償を請求されることもなく，場屋営業者の過酷な責任を回避で
きることにある。

　高価品について，顧客からその種類および価額の通知がない場合には，高
価品であることを知っていた場屋営業者も損害賠償責任を負わないことにな
りそうであるが，この点については従来議論があった。平成 30 年商法改正
は，物品運送に関する商法 577 条に第 2 項を付加して，第 1 項の規定は，「運
送人が高価品であることを知っていたとき」および「運送人の故意または重
大な過失によって高価品の滅失・損傷等が生じたとき」には適用しない旨を
定めた。本規定は，物品運送に関して，荷送人と運送人との間の公平を図る
との観点から設けられたものである。商法 577 条 1 項は，同法 597 条と趣旨
を同じにする規定と解され，577 条 2 項 1 号・2 号は，場屋営業者と顧客との
間の公平を図るとの観点から，商法 597 条にも類推適用されるべきである。

場屋取引に関して，ホテルの宿泊客がフロントに預けなかった高価品等であって事前に種類・価額の通知がなかったものが滅失，損傷したときにホテルの損害賠償義務の範囲を 15 万円の限度に制限する旨の宿泊約款の定めは，ホテル側に故意または重大な過失がある場合には適用されないとの判例が存した（最判平 15・2・28 集民 209 号 143 頁），上記商法 577 条 2 項 2 号はこの判決と同様の立場をとるものである。

さらに，従前，運送人および場屋営業者の責任に関して，債務不履行責任と不法行為責任との関係が議論されてきた。具体的には，商法 597 条の規定は債務不履行責任には適用があるが，不法行為責任には適用がないのか，不法行為責任は追及できないのかが議論されてきた。

判例は，運送人の責任に関して，債務不履行に基づく損害賠償請求権と不法行為に基づく損害賠償請求権とは競合が認められるとしてきた（最判昭 44・10・17 集民 97 号 35 頁）のであり，平成 30 年商法改正は，商法 587 条を新設して，同法 577 条の規定は，運送品の滅失等についての運送人の荷送人・荷受人に対する不法行為による損害賠償責任について準用するとしている。場屋営業者の責任に関しても，運送人の責任との共通性に基づき，これと同様に扱うべきであり，債務不履行責任と不法行為責任との請求権競合を認めた上で，商法 587 条，588 条および同法 577 条の類推適用を認めるべきである。

(4) 短期消滅時効

場屋営業者の責任にかかる債権には，短期の消滅時効が定められている。場屋営業者に過重な責任を負わせないためである。すなわち，場屋営業者が当該物品の滅失または損傷について悪意であった場合を除き，場屋営業者が寄託を受けた物品を返還し，または顧客が場屋の中に携帯した物品を持ち去ったとき（物品が全部滅失した場合にあっては，顧客が場屋を去ったとき）から，顧客が当該債権を 1 年間行使しないときは，時効によって消滅する（商 598 条）。

■第 10 章■

倉 庫 営 業

1 倉庫営業の意義

倉庫営業者とは，他人のために物品を倉庫に保管することを業とする者をいう（商599条）。寄託者から委託された寄託物を保管することは，営業的商行為である寄託の引受けにあたり（商502条10号），これを業とする倉庫営業者は商人である（商4条1項）。

今日において，倉庫営業は，原料から製品，冷凍・冷蔵品，危険物に至るまで，我々の日常生活や経済活動に欠くことのできない多種多様な物品の保管を行うことを通して，適時・適切な物流を実現していく結節点として重要な社会インフラの役割を担っている。

倉庫営業者は，他人から寄託された物品（動産に限る）を当該物品に応じた倉庫施設に自ら保管する業者である。前述したように，寄託を引き受ける営業には多種多様なものが含まれるが，この中で，他人のために物品を倉庫に保管することを業とする倉庫営業者は，倉庫業法に基づく国土交通大臣の行う登録を受ける必要がある（倉庫業法3条）。登録を必要とする業者には，消費者の物品を倉庫に保管するトランクルーム業者も含まれる。登録を受けるためには，保管する物品に応じた倉庫の施設・設備の基準をクリアした倉庫を備えていることが必要である（同法6条1項4号）。

倉庫というと，通常屋根・壁のある堅牢な工作物である施設を想像するが，このような建造物やそれに危険物に対応できる防火・消火設備を備えたもの，冷凍品を保管するための冷蔵倉庫の他，野積みの倉庫（石置き場など），タンク，サイロ，港湾などで見られる原木などを水面保管する施設（貯木場），トランクルームなどが含まれる。

197

◆コラム──倉庫業法上の登録が必要な倉庫業─────────

　倉庫業を営もうとする倉庫営業者は国土交通大臣の行う登録を受けなければならない（倉庫業法3条）。この法律では，倉庫とは，物品の滅失・損傷を防止するための工作物または物品の滅失・損傷を防止するための工作を施した土地，水面であって，物品の保管の用に供するものをいうとされている（同法2条1項）。倉庫の施設または設備は所定の基準に適合していることが必要であり，倉庫は保管対象物に応じて分類され，雑貨などの貨物を保管する倉庫，穀物等を貯蔵する倉庫，危険物を保管する倉庫，原木などを水面保管する倉庫（貯木場），冷蔵倉庫などに分類されている。消費者から寄託を受けた物品を保管するトランクルームもその一種であり，トランクルーム営業は倉庫業に分類される。

　寄託契約により他人の物品を保管するため倉庫業と類似するが，保管する物品，保管態様，保管期間等からみて倉庫業から除外されているものとして以下のものがある（同法2条2項，倉庫業法施行令1条）。

　①　銀行法の規定による保護預かり。銀行の貸金庫が該当する。

　②　営業に付随して特定の物品を保管してそれを洗濯，修理する場合。クリーニング業，修理業が例である。

　③　他人の携帯物品の保管。手荷物一時預かり，コインロッカーが例である。場屋営業者が場屋取引に付随して寄託を受ける場合（たとえば，劇場，美術館の手荷物預かり）とは区別される。

　④　他人の使用する自転車，自動車等の物品の保管。駐輪場，駐車場が例である。

2　倉庫寄託契約

　物品の寄託にあたり，倉庫営業者と寄託者との間には，倉庫寄託契約が締結される。この契約は不要式の契約であり当然に有償の契約である。倉庫寄託契約は物品の引渡し以前に成立可能な諾成契約と解すべきか，物の引渡しによって成立する要物契約と解すべきかの論点がある。この点に関しては，倉庫営業者が寄託の申し出を受けた時点でスペースを空けて保管の準備をする場合において，実際に寄託がないために損害を被らない必要があるため，倉庫寄託契約は諾成契約であって，寄託の引受け時点で成立すると解する見

解が有力であった。寄託に関する民法657条は，平成29年民法改正前にはこれを要物契約としていたが，同改正により実務の需要に合わせて諾成契約としたこと，および倉庫営業は継続的かつ反復的な契約関係であることが多いことから，諾成契約と解すべきである。

　倉庫営業者は，**倉庫寄託約款**により倉庫寄託契約を締結する必要がある。倉庫営業者は，自社の倉庫寄託約款を定め，その実施前に，国土交通大臣に届け出なければならない（倉庫業法8条1項）。国土交通大臣は，当該の倉庫寄託約款が寄託者の正当な利益を害するおそれがあると認めるときは，変更を命ずることができる（同条2項）。なお，国土交通大臣が定める**標準倉庫寄託約款**と同一内容の倉庫寄託約款を定めている業者が多い。トランクルーム事業者による寄託取引に関しても，標準トランクルームサービス約款が定められているが，不特定多数の消費者（個人）を相手方とするトランクルームサービス約款は定型約款といってよい。

3　倉庫営業者の義務と権利

(1)　倉庫営業者の義務

① 保 管 義 務　　倉庫営業者は，他人から寄託を受けた受寄物を善良なる管理者の注意をもって保管しなければならない（商595条）。この義務との関係では倉庫寄託約款が重要である。倉庫営業者は，自ら保管するのが原則であり，寄託者の承諾を得たとき，またはやむを得ない事由があるときでなければ，寄託物を他の倉庫業者に保管させることができない（民658条2項）。

② 倉荷証券の交付義務　　倉庫営業者は，寄託者の請求があるとき

は，寄託物の倉荷証券を交付しなければならない（商600条）。倉荷証券は，寄託物の返還請求権を表章する有価証券であり，権利行使および移転に当該証券の呈示・交付を要するものである。倉荷証券が作成されたときには，証券所持人はこれと引き換えでなければ，寄託物の返還を倉庫営業者に対して請求することができない（商613条）。倉荷証券が発行されている場合には，その証券所持人に対してのみ倉庫営業者は寄託物の返還義務を負うことになる。

倉荷証券には，㋐寄託物の種類，品質および数量並びにその荷造りの種類，個数および記号，㋑寄託者の氏名または名称，㋒保管場所，㋓保管料，㋔保管期間を定めたときは，その期間，㋕寄託物を保険に付したときは，保険金額，保険期間および保険者の氏名または名称，㋖作成地および作成の年月日，の諸事項を記載し，さらにその証券の番号を記載して，これに倉庫営業者が署名，または記名押印しなければならない（商601条）。ただし，倉荷証券は厳格な要式証券ではないので，上記のうちの一部の記載を欠く場合にもその有効性を欠くことにはならない。少なくとも受寄物を特定する要素である㋐の記載は受寄物の特定が可能である程度に不可欠であり，また，倉庫営業者の署名・記名押印は欠くことができない。反対に，強行法規，公序良俗などに反しない限りで，それ以外の記載も有効である（内容不知約款につき4(3)コラム〔207頁〕）。

倉庫営業者は，倉荷証券を寄託者に交付したときには，寄託物の種類・個数や寄託者の氏名等の倉荷証券に記載の諸事項，およびその証券の番号と作成の年月日を，当該業者の帳簿に記載しなければならない（商602条）。倉荷証券については，さらに，4（204頁）で詳述する。

◆コラム——倉庫証券の複券と単券

倉庫取引にかかわる有価証券については，平成30年改正前商法においては，寄託物返還請求権を表章する預証券と寄託物の上に質権を設定するために用いられる質入証券の2券をワンセットにして利用する複券主義と，倉荷証券だけによる単券主義とに基づいた2つの制度が併用して採用されていた。前者はフランス法系の諸国が，後者はドイツおよびアメリカが採用しているところ，我が国は明治44年（1911年）の商法改正以来，両者を併用する併用主義を採用してきた。実

務上，複券はほとんど利用されることがなかったので，平成30年商法改正にあたり，倉荷証券のみが残されることになった。しかし，現在，倉荷証券の利用範囲も限定的であり，実務慣行から生じた荷渡指図書の利用が一般化している。

③ **寄託物の点検に応じる義務**　寄託者または倉荷証券の所持人は，倉庫営業者の営業時間内は，いつでも，寄託物の点検もしくはその見本の提供を求め，またはその保存に必要な処分をすることができる（商609条）。寄託者・倉荷証券所持人の保護のために，保管が適切になされているかを確認すること，または自ら保存に必要な処分をすることができるとし，また，寄託した商品の見本の提供を求めることができるとして，倉庫営業者に対してそれに協力すべき義務を課している。

④ **返還の制限・保管期間**　民法の規定では，当事者が寄託物の返還の時期を定めなかったときは，受寄者は，いつでもその返還をすることができるとされている（民663条1項）。しかし，これでは，倉庫営業者に物品を寄託しようとする目的は達せられず，倉庫営業の経済的機能は失われてしまう。そこで，当事者が契約により特段寄託物の保管期間を定めなかったときは，やむを得ない事由がある場合を除き，倉庫営業者は，寄託物の入庫の日から6ヶ月を経過した後でなければ，返還をすることができない（商612条）。やむを得ない事由としては，臭気・腐敗により他の寄託物に損害を及ぼすおそれのある場合などが挙げられる。

　反対に，寄託にあたり当事者が寄託物の返還時期を定めたかどうかを問わず，寄託者の方からはいつでもその返還を請求することができる（民662条1項）。その場合に，倉庫営業者が定められた返還時期以前に返還の請求を受けたことによって損害を受けたときには，寄託者に対して損害賠償の請求ができる（民662条2項）。

(2)　倉庫営業者の責任

① **損害賠償責任**　倉庫営業者は，寄託物の保管に関して注意を怠らなかったことを証明しなければ，寄託物の滅失または損傷について損害賠

償責任を免れることができない（商610条）。これにより，寄託物の滅失・損傷による損害について，倉庫営業者は，債務不履行に基づく損害賠償責任を負う。倉庫営業者は，帰責事由のない場合は損害賠償責任を負わず，自己に帰責事由がないこと（寄託物の保管に関して注意を怠らなかったこと）の証明責任を負うことになる。

しかし，商法610条の規定は任意規定なので，約款条項により責任の軽減，免責を定めることは許される。標準倉庫寄託約款では，倉庫営業者が責任を負う損害は，「当会社またはその使用人の故意または重大な過失によって生じた場合に限る」とされ，当会社または使用人の故意・重過失を「損害賠償を請求しようとする者は，証明しなければならない」旨が規定されており（同約款38条），証明責任は転換されている。このような免責条項が置かれる理由としては，(ア)倉庫営業者の寄託物検査権は限定され，寄託者には点検・保存行為が許されること，(イ)保管料の低廉化の要請があること，(ウ)寄託者が企業であり取引を熟知していること，が挙げられている（江頭憲治郎・商取引法〔8版〕(2018年，弘文堂) 382頁）。倉庫営業では，寄託者を消費者とするトランクルームサービスを除き，寄託者は事業者に限られ，倉庫にかかる倉庫業法の規制も厳格であることから，上記免責条項の合理性を認めてよい。

商法610条による損害賠償請求権者は，寄託者または倉荷証券の所持人である。寄託者が寄託物の所有者であるかどうかは問わない（最判昭42・11・17集民89号197頁）。

② **倉庫営業者の責任の特別消滅事由**　寄託物の損傷または一部滅失がある場合の倉庫営業者の責任は，倉庫業者が損傷等につき悪意である場合を除いて，寄託者または倉荷証券の所持人が，異議をとどめないで寄託物を受け取り，かつ，保管料等（保管料および立替金その他寄託物に関する費用をいう〔商611条〕）を支払ったときは消滅する（商616条1項・2項）。ただし，寄託物に直ちに発見することができない損傷・一部滅失があった場合において，寄託者または倉荷証券所持人が引渡しの日から2週間以内に倉庫営業者に対してその旨の通知を発した場合は消滅しない（商616条1項但書）。本条は運送人の責任に関する商法584条と同様に，寄託物の全部滅失の場合を除外している。本条の趣旨は，寄託者が異議をとどめずに寄託物を受け取り，保管料

等を支払うときには，後日損害賠償等の問題が生じないと考えた倉庫営業者が，損害と責任にかかわる証拠を放棄してしまうというリスクを回避させ，また，いつまでも証拠を保全しておく必要はないものとして，倉庫営業者の責任関係を速やかに短期間で消滅させることにより，倉庫営業者を保護することにあるとされている。倉庫取引は運送取引とは運送品が移動しない点で異なり，倉庫営業者の負担するリスクの程度・内容の面で相違するが，本条は，運送人の責任に関する商法584条1項・2項と同趣旨の規定といってよい。商法616条2項の「悪意」の意味については従来学説上「損傷・一部滅失を知っていた」ことではなく，より制限的に「故意に損傷・一部滅失を生じさせ，またはそれを隠蔽した」ことを意味するとの説が有力に主張されてきたが，商法584条2項が，運送人がその「運送品に損傷又は一部滅失があることを知っていたとき」としていることから，上記「悪意」は「知っていたこと」を意味すると解される。

③ **倉庫営業者の責任にかかる特別の短期消滅時効**　寄託物の滅失または損傷についての倉庫営業者の責任にかかる債権は，寄託物の出庫の日から1年間行使をしないときは，時効によって消滅する（商617条1項）。この1年間の期間は，寄託物の全部滅失の場合には，倉庫営業者が倉荷証券の所持人（倉荷証券を作成していないときまたは倉荷証券の所持人が知れないときは，寄託者）に対してその旨の通知を発した日から起算する（同条2項）。ただし，運送人の責任について除斥期間を定める商法585条1項の場合とは異なり，倉庫営業者が寄託物の滅失または損傷につき悪意であった場合には，本条の短期消滅時効は適用されない（同条3項）から，その場合には，時効期間は民法166条1項の定めによることになる。本条の趣旨は，上記②の商法616条と同様であり，倉庫営業者の責任関係を速やかに消滅させることにより倉庫営業者を保護することにある。商法617条3項の「悪意」の意味については，商法616条2項と同様の議論があるが，2つの規定は立法趣旨が同様であることに照らして，本項における「悪意」も，倉庫営業者が寄託物の損傷等について知っていたことと解してよい。

　なお，商法616条および617条は強行法規ではないから，これらを除外する特約は有効である。標準倉庫寄託約款は，「当会社は，寄託者または倉荷証

券所持人が留保をしないで寄託物を受け取った後は，その寄託物の損害について責任を負わない」旨を定めている（同約款44条）。

(3) 倉庫業者の権利

① 保管料の請求権　　倉庫営業者は商人であるから，特段の定めがなくとも報酬として保管料を請求することができる（商512条）。保管料等の支払時期については，倉庫営業者は，寄託物の出庫の時以後でなければ，保管料および立替金その他寄託物に関する費用（以上を保管料等という）の支払を請求することができないとされている（商611条）。ただし，寄託物の一部出庫の場合には，出庫の割合に応じてその支払を請求できる。

② 留置権・先取特権　　倉庫営業者には，寄託物に関して生じた保管料等の債権について，民法上の留置権および先取特権が認められる（民295条・320条），さらに，寄託者が商人であり，寄託物がこの者の所有する物品である場合には，商法上の留置権を有する（商521条）。

③ 供託・競売権　　寄託者または倉荷証券の所持人が寄託物の受領を拒み，またはこれを受領することができない場合には，商人間の売買の場合と同様に（商524条1項・2項），寄託物を供託・競売に付することができる（商615条）。

4 倉荷証券

(1) 倉荷証券の意義

　倉荷証券は，寄託者の請求により倉庫営業者によって発行され，寄託途中に寄託物の譲渡，質入れを可能にする。しかし，実際には実務においてその利用範囲は限定されていると指摘されている（江頭・前掲書19頁，387～388頁）。すなわち，具体的には，先物市場である商品取引所において，上場商品である，貴金属（金，銀，白金，パラジウム），大豆，小豆，ゴム等の取引につ

いて，定められた取引最終日までに反対売買による差金決済が行われずに，未決済分について商品現物の引渡しによる決済が行われる際に，倉荷証券が利用される。また，先物取引を行うにあたり，取引の委託者が商品先物取引業者に差し入れる必要のある取引証拠金として，現金に代えて倉荷証券が差し入れられる場合がある。現在では，倉荷証券の利用はこれらの場合に限定されている。

(2) 倉荷証券の効力

① 倉荷証券の譲渡および質入れ　　倉荷証券には，寄託者の氏名・名称を記載するとされているが（商601条2号），この点は強行法規ではなく，寄託者を記載する記名式のものだけでなく，無記名式であっても，選択無記名式（記名所持人式）であっても構わない。倉荷証券は，記名式であるときでも，裏書によって，譲渡し，または質権の目的とすることができる（商606条本文）から，当然の指図証券である。この裏書の方式については，手形法中の裏書の方式に関する規定が準用される（民520条の3）。倉荷証券を目的とする質権の設定についても同様である（民520条の7）。ただし，倉荷証券への裏書には担保的効力はない。なお，倉荷証券に裏書を禁止する旨を記載した場合には，裏書による譲渡・質入れはできないが（商606条但書），民法の債権譲渡の方式または質権の設定に関する方式によることができる（民520条の19第1項）。

倉荷証券の所持人は，倉庫営業者に対して，寄託物の分割を請求するとともに，現在所持する倉荷証券の返還と交換にその各部分に対する倉荷証券の交付を請求することができる（商603条）。寄託者に倉荷証券が発行された場合に，寄託者または倉荷証券の所持人の便宜のために，寄託物を分割して，その一部を譲渡しまたは質入れすることを可能にするためである。

倉荷証券の所持人は，その倉荷証券を喪失したときは，倉庫営業者に対して相当の担保を提供して，その再発行を請求できる（商608条）。公示催告を経て除権決定を得るという方法（民520条の11，非訟114条以下）によることなく，証券所持人の便宜のため，倉荷証券の再発行を受けられるわけである。

倉荷証券によって寄託物を質入れした場合には，寄託者または倉荷証券所

持人は，倉荷証券を質権者に交付して手元にはないため，一部出庫をしよう
としてもその方法がないことになる。そこで，このような不便を回避するた
め，倉荷証券を質権の目的とした場合に，質権者の承諾があるときは，寄託
者は，当該質権の被担保債権の弁済期前であっても，寄託物の一部返還を請
求することができるとされている（商614条）。

　　② **倉荷証券の受戻証券性**　　倉荷証券が作成されたときには，寄託物
の返還請求はこれと引き換えでなければできない（商613条）のが原則であ
る。これを倉荷証券の受戻証券性というが，この規定は強行法規ではないの
で，これによらずに，空渡し（倉荷証券と引き換えなしに寄託物を引き渡す場合），
または保証渡し（倉荷証券と引き換えでなく，銀行等の保証状を差し入れて寄託物の
引渡しを受ける場合）も，商慣習により可能であるとされる。しかし，上記の
ように利用範囲の限定された倉荷証券についてこれらの引渡方法によること
を認める実際の必要性は乏しい。実務上は，寄託物の引渡しには，通常は荷
渡指図書（商慣習上広く利用されているが，これに関する法の定めはない）が利用さ
れており，倉荷証券が発行された場合にも，倉荷証券の所持人が倉庫会社の
営業所に倉荷証券を呈示して，これと引き換えに荷渡指図書の交付を受け，
これを当該寄託物を保管している倉庫に呈示して引渡しを受ける場合がある。

(3)　倉荷証券の債権的効力（文言証券性）

　倉庫営業者は，倉荷証券の記載が事実と異なることをもって善意の所持人
に対抗することができない（商604条）。これを倉荷証券の文言証券性または
倉荷証券の債権的効力というが，債権的効力とは，倉庫営業者と倉荷証券の
所持人との間の債権関係を定める効力を意味する。

　倉荷証券については，他方において，それは手形のような無因証券ではな
く，要因証券であるとされている。倉荷証券は，倉庫寄託契約の存在を前提
に，それに基づいた物品の寄託を原因として発行されるべきものとされてい
る。この倉荷証券の要因性と文言性との関係をどのように理解すべきかにつ
いて，寄託物の引渡しなしに証券の発行される場合（空券という），および寄
託された物品の品質・数量と倉荷証券に記載されているものとが異なる場合

（品違い）とを中心に論じられてきた。

　たしかに倉荷証券が具体的な倉庫寄託契約を反映した要因証券であることは，契約者である寄託者と倉庫営業者との間では全面的に維持されるべきである。しかし，他方において，倉荷証券の流通性を考慮すると文言性による善意の第三者の保護が図られる必要がある。空券の場合には，要因性に基づけば寄託契約は無効であり，当該証券は無効となるが，しかし，その発行を行うこと自体に疑わしさがあり，倉庫営業者の帰責性は否定できない。また，倉庫営業者は，倉荷証券への内容不知約款の記載することにより，寄託を受けるにあたり寄託物の内容を確実に検査できないという自己のリスク負担を回避できるから，自ら内容表示を行っている場合には，第三者の信頼を保護して，文言性に基づく損害賠償責任を負わせるべきである。したがって，要因証券性よりも文言証券性を優位させて解釈すべきである。その理論的根拠は権利外観理論（外観法理）に求めることもできる（田邊光政・商法総則・商行為法［第4版］（2017年，新世社）297頁）。

◆コラム──内容不知約款の利用

　倉荷証券には，寄託物の種類，品質，数量，荷造りの種類，個数，記号を記載することが求められている（商601条1号）。倉庫営業者が倉荷証券発行にあたり，受寄物の内容を検査しなかったが，「受寄物の内容を検査することが不適当なものについては，その種類，品質および数量を記載しても，当会社はその責に任じない」旨の内容不知約款（免責条項）を付していた場合に，受取人からこの倉荷証券の裏書譲渡を受けた者により，商品名は「木函入緑茶」となっているが，実際の品物は無価値な煎茶，茶袋等であるとして，倉庫営業者に対して寄託契約の不履行の訴えが提起された事案について，最判昭44・4・15民集23巻4号755頁は，免責条項の効力を認めた上で，その荷造りの方法および品物の種類からみて，その内容を検査することが容易でなく，また，内容を検査することによりその品質または価格に影響を及ぼすことが，一般取引の通念に照らして明らかな場合に限り，免責条項を援用して証券の所持人に対する文言上の責任を免れ得ると判示した。しかし，日々大量の物品の寄託を受け保管を行う倉庫営業者にとり，受寄物を受け入れるにあたりその内容・数量等を確実に検査することには困難があることは否めない。国土交通大臣が定める標準倉庫寄託約款の41条は，「当会社は，受寄物の検査をしないときは，その内容と倉荷証券に記載した種類，品質または

数量との不一致については，責任を負わない。この場合においては，受寄物の内容を検査しない旨またはその記載が寄託者の申込みによる旨を証券面に表示する。」としている。

(4) 倉荷証券の物権的効力 （引渡証券性）

倉荷証券の物権的効力というのは，倉荷証券が有する寄託物にかかる物権を定める効力をいう。倉荷証券が作成されたときは，寄託物に関する処分は，倉荷証券によってしなければならない（商605条）。これを倉荷証券の処分証券性という。さらに，倉荷証券により寄託物を受け取ることができる者に倉荷証券を引き渡したときは，寄託物について行使する権利の取得に関しては，寄託物の引渡しと同一の効力を有する（商607条）として，倉荷証券の引渡しは，当該寄託物の引渡しと同一の物権的効力（占有移転の効力）を有するものとされ，これを物権的効力（引渡証券性）という。

倉荷証券の引渡しの効力である寄託物に関する占有権の移転に関しては，民法の占有移転の方法ともかかわり，どのように法的に構成するかについて学説の対立がある。絶対説は，倉庫営業者が寄託物の占有を有しているか否かを問わずに，証券の引渡しにより寄託物の占有取得が生じるとし，相対説は，寄託物の直接占有は倉庫営業者が有するが，その間接占有が証券の引渡しに伴って移転するとする。相対説にあっては，倉庫営業者が証券を所持しない者に寄託物を引き渡した場合に（空渡し・保証渡し），証券所持人は占有権を失ってしまうのに対して，絶対説にあっては，証券所持人は依然として占有者ということになる。倉荷証券の発行される場合に，寄託物の空渡し・保証渡しの必要性は乏しいこと（前述(2)②〔206頁〕）を踏まえると，絶対説によるべきである。証券所持人は寄託物の引渡しを受けた無権利者に対して返還請求をすることができる。しかし，この寄託物を善意でこの者からさらに取得した善意者は民法192条により保護され，倉荷証券所持人に優先する（参照，貨物引換証に関する大判昭7・2・23民集11巻148頁）。

5 荷渡指図書

倉庫取引に関しては，倉荷証券の発行は限定的であり，通常は荷渡指図書（出庫指図書，出庫依頼書などとも呼ばれる）が多く利用されている。ただし，商法はこれについて定めを置かず，その利用は取引上の商慣行に依拠し，荷渡指図書の有する効力も業界の慣習，さらに場合によっては当事者の認識にかかっている。一般的には有価証券ではない。

荷渡指図書はおおよそ以下の３種に分けられる。

① 寄託者の依頼により倉庫営業者がその使用人に対する指図の形式で発行するもの

② 寄託者が倉庫営業者に対してその所持人に寄託物を引き渡すことを委託する指図の形式で発行するもの

③ ②でそれに加えて倉庫営業者が承認の意思表示のために副署するもの

上記のうち，③は寄託物の引渡請求権を表章する有価証券に該当する場合があり得るが，有価証券に該当するか否かは，倉庫寄託取引を行う業界の中でどのような慣習・認識が存しているかにかかっている。①は出庫指図書（出荷指図書）ともいわれるもので，倉庫営業者はたとえ寄託物を引き渡した証券所持人が実際には無権利者であったとしても免責される免責証券，または権利行使にあたり必ずしも必要のない単なる証拠証券に該当する。倉庫営業者の社内連絡用の伝票とみるべきケースもある。②は，荷渡依頼書ともいわれるもので，免責証券とみるべきである。

索　引

事 項 索 引

あ　行

異次元説　36
一方的商行為　115
一方的仲立契約　144

受戻証券性　206
運送賃　165
　　——等　175
運送取扱営業　185
運送取扱契約　185
運送取扱人　29
運送人　159
運送品の滅失等　171
運送約款　160

営業禁止義務　70
営業所　69
営業譲渡　50
営業的商行為　14, 27
営利法人　18
沿革把握説　6

送り状　162

か　行

開業準備行為　21, 22
会計帳簿　62
開示義務　89
海上運送　158
海商法　9
介入義務　147
介入権　155, 189
確定運賃運送取扱契約　188
確定期売買　117
貨物引換証　162

空渡し　206
慣習　11
慣習法　11

企業　7
企業活動の円滑　7
企業組織の確立　7
企業法論　7, 82
危険物　163
擬制商人　13
寄託契約　192
寄託物の点検　201
基本的商行為　9, 14
競業避止義務　54, 70, 78
供託　176
業とする　15
競売　176

空券　206
倉荷証券　200, 204

経済法　8
結約書　145
検査義務　122
権利外観理論　71, 207

公益法人　19
高価品　168, 169, 195
航空運送　158
交互計算　126
　　——期間　127
　　——の消極的効力　127
公信力　38
公法人　17
小商人　23
古典的交互計算理論　129

211

固有の商　6
固有の商人　13

さ 行

債権的効力　206
債務引受けの広告　58
詐害的営業譲渡　59
指図証券　205
残存債権者　59

事業譲渡　50
自己の名をもって　13
試算表　63
事実たる慣習　11
下請運送人　170
実運送　157
実際運送人　157
実体把握説　6
支配権　68
　──の濫用　71
支配人　67
私法人　17
遮断字句　55
自由業　20
周知義務　90
出庫指図書　209
主要簿　62
準問屋　28
場屋営業　193
場屋取引　193
商慣習法　11
商業証券　26
商業使用人　66
商業帳簿　61
商業登記　31
　──の効力　34
　──の不知の正当な事由　35
　当事者申請主義　32
商業登記簿　31
消極的公示力　34
商行為　8,14
商行為法主義　9
商号　42

──の譲渡　37
　──の不正使用の目的　44
商号自由の原則　44
商号真実主義　44
商号続用　55
商号単一の原則　43
商事　2
　──に関する法源　9
商事自治法　10
商事条約　10
商事特別法　11
乗車券　181
商事留置権　94
商的色彩論　6,83
商人　8
商人資格　16
　──の取得と喪失　20
商人法主義　9
消費者法　84
商法　2
　──の沿革　3
　形式的意義の──　5
　実質的意義の──　5,6,82
職務専念義務　70
処分権　165,177
処分証券性　208
仕訳帳　62

性格把握説　6
制限能力者による営業　16
積極的公示力　35
絶対的商行為　14,25
絶対的登記事項　32
折衷主義　9

総勘定元帳　62
倉庫　197
倉庫営業　197
倉庫寄託契約　198
倉庫寄託約款　199
相次運送　179
相次運送取扱い　190
創設的効力　37

双方的商行為　115
双方的仲立契約　144
組織法上の行為　57
損益計算書　63

た　行

第三種の商　6
貸借対照表　62
代理商　28, 29, 76
宅配便運送約款　161
諾否通知義務　92
段階的交互計算理論　130
短期消滅時効　203

中性的法人　19

追完　119
通知義務　122

定期券　181
定型取引　88
定型約款　87, 161
　　――準備者　88
締約代理商　77
手荷物　183

問屋　28, 150
　　――契約　151
到達地運送取扱人　188
通し運送状　179
特殊法人　17
特定非営利活動法人　19
特別法上の商行為　14
匿名組合　134
取次ぎ　28, 150
取次商　28
取引所　26
取引法上の行為　51

な　行

名板貸　44, 137
名板貸人　45
名板借人　45

内容不知約款　207
仲立ち　28
仲立営業　143
仲立人　28, 143
仲立人日記帳　146

荷受人　159
荷送人　159
荷渡指図書　209
任意的登記事項　32

のれん　52

は　行

媒介　143
媒介代理商　77

非営利法人　18
表見支配人　71, 73
表見代表取締役　72
被用者　174
標準貨物自動車運送約款　165, 168
標準倉庫寄託約款　199, 202
標準宅急便運送約款　165
標準トランクルームサービス約款　199

不可抗力　194
複合運送　178
不実の登記　38
付随的効力　37
附属的商行為　14, 29
普通取引約款　85
物権的効力　208
物品運送　159
物品保管義務　93

片面的強行規定　182

法源　10
保管料等　202, 204
保証渡し　206
補助記入帳　62
補助商　6, 150

213

補助簿　62
補助元帳　62

ま　行

見本　145
　──の提供　201
見本売買　145
民事慣習法　11
民事特別法　11
民事仲立人　28
民商二法統一論　5
民法の商化　6, 114

免責特約　182

元請運送人　170
文言証券性　206

や　行

要因証券　206

ら　行

陸上運送　158
履行担保義務　153
履行補助者　166
流質契約　94
留置権　79, 175, 188, 204
利用運送　157, 186
　──人　157
旅客運送契約　180

類似商号規制　43

例外規定説　36
レセプトゥム責任　194

英　字

ICOCA　181
NPO 法人　19
PASMO　181
Suica　181

判 例 索 引

大判明 32・2・2 民録 5 輯 2 巻 6 号　65
大判明 33・10・1 民録 6 輯 9 巻 1 頁　61

大判大 2・10・20 民集 19 輯 910 頁　182
大判大 4・12・24 民録 21 輯 2182 頁　85
大判大 6・6・15 民録 23 輯 984 頁　28
大判大 7・11・6 新聞 1502 号 24 頁　54
大判大 9・5・24 民録 26 輯 753 頁　44
大決大 13・6・13 民集 3 巻 280 頁　42

大判昭 4・9・28 民集 8 巻 769 頁　25
大判昭 6・10・3 民集 10 巻 851 頁　104
大判昭 7・2・23 民集 11 巻 148 頁　208

大判昭 11・3・11 民集 15 巻 320 頁　128
大判昭 12・3・10 新聞 4118 号 10 頁　104
大判昭 13・8・1 民集 17 巻 1597 頁　113
大判昭 14・12・27 民集 18 巻 1681 頁　105
大判昭 17・1・31 新聞 4760 号 18 頁　38
大判昭 17・9・8 新聞 4799 号 10 頁　65
大判昭 18・7・12 民集 22 巻 539 頁　29
大判昭 19・2・29 民集 23 巻 90 頁　12

最判昭 29・10・7 民集 8 巻 10 号 1795 頁　55,
　56, 59
最判昭 29・10・15 民集 8 巻 10 号 1898 頁　34

最判昭 30・4・12 民集 9 巻 4 号 474 頁　187
最判昭 30・9・9 民集 9 巻 10 号 247 頁　45
東京地判昭 31・9・10 下民集 7 巻 9 号 2445 頁
　41
最判昭 31・10・12 民集 10 巻 10 号 1260 頁
　152
最判昭 32・11・22 集民 28 号 807 頁　72
最判昭 33・6・19 民集 12 巻 10 号 1575 頁　22
最判昭 34・8・28 判時 199 号 35 頁　152
最判昭 35・4・22 民集 14 巻 6 号 984 頁　12
最判昭 35・12・2 民集 14 巻 13 号 2893 頁
　123
最判昭 35・12・27 民集 14 巻 14 号 3234 頁

73
最判昭 36・9・29 民集 15 巻 8 号 2256 頁　43,
　44
最判昭 36・12・5 民集 15 巻 11 号 2652 頁　46
最判昭 36・12・12 民集 15 巻 11 号 2756 頁
　73
最判昭 37・5・1 民集 16 巻 5 号 1031 頁　72
最判昭 37・7・6 民集 16 巻 7 号 1469 頁　19
最判昭 37・8・28 集民 62 号 273 頁　39
最判昭 38・3・1 民集 17 巻 2 号 280 頁　55
大阪高判昭 38・3・26 判時 341 号 37 頁　53

最判昭 40・3・18 判タ 175 号 115 頁　44
最判昭 40・9・22 民集 19 巻 6 号 1600 頁　51
最判昭 40・10・12 民集 19 巻 7 号 1777 頁
　128
最判昭 41・1・27 民集 20 巻 1 号 111 頁　47
最判昭 42・2・9 判時 483 号 60 頁　45, 49
最判昭 42・4・28 民集 21 巻 3 号 796 頁　35
最判昭 42・11・17 集民 89 号 197 頁　202
最判昭 43・4・2 民集 22 巻 4 号 803 頁　105
最判昭 43・4・24 民集 22 巻 4 号 1043 頁　111
最判昭 43・6・13 民集 22 巻 6 号 1171 頁　45,
　46
最判昭 43・11・1 民集 22 巻 12 号 2402 頁　34
最判昭 43・12・24 民集 22 巻 13 号 3334 頁
　38
最判昭 44・4・15 民集 23 巻 4 号 755 頁　207
最判昭 44・6・26 民集 23 巻 7 号 1264 頁　106
最判昭 44・10・17 集民 97 号 35 頁　172, 196
最判昭 45・4・21 集民 99 号 129 頁　169
最判昭 45・12・24 民集 24 巻 13 号 2187 頁
　86
最判昭 47・2・24 民集 26 巻 1 号 172 頁　22
最判昭 47・3・2 民集 26 巻 2 号 183 頁　57
最判昭 47・6・15 民集 26 巻 5 号 984 頁　40
最判昭 48・10・5 判時 726 号 92 頁　19
最判昭 49・3・22 民集 28 巻 2 号 368 頁　35

最判昭 50・6・27 判時 785 号 100 頁　28

最判昭 50・12・26 民集 29 巻 11 号 1890 頁　106

高知地判昭 51・4・12 判時 831 号 96 頁　194

最判昭 52・10・14 民集 31 巻 6 号 825 頁　72

最判昭 52・12・23 判時 880 号 78 頁　35

最判昭 53・4・20 民集 32 巻 3 号 670 頁　168

大阪地判昭 53・8・29 判タ 378 号 153 頁　43

名古屋地判昭 53・11・21 判タ 375 号 112 頁　141

最判昭 54・5・1 判時 931 号 112 頁　71

東京高判昭 54・9・25 判時 944 号 106 頁　170

最判昭 55・3・25 集民 129 号 339 頁，判時 967 号 61 頁　169

最判昭 55・7・15 判時 982 号 144 頁　49

最判昭 55・9・11 民集 34 巻 5 号 717 頁　39

最判昭 59・3・29 金判 709 号 3 頁　73

大阪地判昭 59・7・18 労判 451 号 68 頁　20

最判昭 62・4・16 判時 1248 号 127 頁　40

最判昭 63・10・18 民集 42 巻 8 号 575 頁　19

最判平 2・2・22 集民 159 号 169 頁　68, 74, 75

最判平 4・10・20 民集 46 巻 7 号 1129 頁　121

最判平 5・3・25 民集 47 巻 4 号 3079 頁　164

最判平 7・11・30 民集 49 巻 9 号 2972 頁　47

最判平 10・4・14 民集 52 巻 3 号 813 頁　103

最判平 10・4・30 集民 188 号 385 頁，判時 1646 号 162 頁　173

最判平 10・7・14 民集 52 巻 5 号 1261 頁　97

東京高判平 10・11・26 判時 1671 号 144 頁　59

大阪地判平 11・12・8 労判 777 号 25 頁　53

大阪高判平 12・9・28 判時 1746 号 139 頁　194

東京地判平 12・12・21 金法 1621 号 54 頁　56

東京地判平 13・5・25 金法 1635 号 48 頁　59

最判平 13・11・27 民集 55 巻 6 号 1311 頁　122

最判平 15・2・28 集民 209 号 143 頁　196

最判平 16・2・20 民集 58 巻 2 号 367 頁　56

東京高判平 17・5・31 労判 898 号 16 頁　53

東京高判平 17・7・13 労判 899 号 19 頁　53

最判平 18・6・23 判時 1943 号 146 頁　19

知財高判平 19・6・13 判時 2036 号 117 頁　44

最判平 20・2・22 民集 62 巻 2 号 576 頁　18, 30

最判平 20・6・10 判時 2014 号 150 頁　57

東京高判平 20・6・26 労判 970 号 32 頁　53

宇都宮地判平 22・3・15 判タ 1324 号 231 頁　56

最判平 28・9・6 集民 253 号 119 頁　138

大阪高判平 28・10・13 金判 1512 号 8 頁　47, 48

知財高判平 29・6・15 判時 2355 号 62 頁　54

最判平 29・12・14 民集 71 巻 10 号 2184 頁　95〜97

著者紹介【担当章】

川村　正幸（かわむら　まさゆき）【第1編第8～9章，第2編第7～10章】

1945年　静岡県に生まれる
1969年　一橋大学法学部卒業
現　在　一橋大学名誉教授　法学博士
主要著書
『手形抗弁の基礎理論』（弘文堂，1994年）
『金融商品取引法（第5版）』（編著，中央経済社，2014年）
『詳説 会社法』（共著，中央経済社，2016年）
『金融商品取引法の基礎』（共著，中央経済社，2018年）
『手形・小切手法（第4版）』（新世社，2018年）
『コア・テキスト 手形・小切手法』（新世社，2018年）

品谷　篤哉（しなたに　とくや）【第2編第1～6章】

1964年　福井県に生まれる
1987年　金沢大学法学部卒業
現　在　立命館大学法学部教授
主要著書・論文
「内部者取引規制——州法による会社の財産回復とその問題点」『長濱洋一教授還暦記
　　念　現代英米会社法の諸相』（成文堂，1996年）所収
「いわゆるグレーゾーン金利と期限の利益喪失特約——三件の最高裁判決（1）（2・
　　完）」月刊民事法情報238号・239号（2006年）
「株式の仮装払込みに関する覚書」立命館法学2015年第5・6号（2016年）

酒井　太郎（さかい　たろう）【第1編第1～7章】

1968年　東京都に生まれる
1990年　一橋大学法学部卒業
現　在　一橋大学大学院法学研究科教授
主要著書・論文
『会社法を学ぶ』（有斐閣，2016年）
『詳説 会社法』（共著，中央経済社，2016年）
「米国会社法学における取締役の信認義務規範（1）（2・完）」一橋法学11巻3号49頁
　　（2012年）・12巻1号1頁（2013年）

ライブラリ 商法コア・テキスト-1

コア・テキスト 商法総則・商行為法

2019 年 7 月 10 日 ⓒ	初 版 発 行
2021 年 10 月 10 日	初版第 2 刷発行

著 者	川 村 正 幸	発行者	森 平 敏 孝
	品 谷 篤 哉	印刷者	篠 倉 奈 緒 美
	酒 井 太 郎	製本者	小 西 惠 介

【発行】　　　　　　　　株式会社　新世社

〒151-0051　　　　東京都渋谷区千駄ヶ谷 1 丁目 3 番 25 号
編集 ☎(03)5474-8818 ㈹　　　　サイエンスビル

【発売】　　　　　　　　株式会社　サイエンス社

〒151-0051　　　　東京都渋谷区千駄ヶ谷 1 丁目 3 番 25 号
営業 ☎(03)5474-8500 ㈹　　　　振替 00170-7-2387
FAX ☎(03)5474-8900

印刷　ディグ　　　　　　　製本　ブックアート
《検印省略》

本書の内容を無断で複写複製することは，著作者および出版者の権
利を侵害することがありますので，その場合にはあらかじめ小社あ
て許諾をお求め下さい。

サイエンス社・新世社のホームページのご案内
http://www.saiensu.co.jp
ご意見・ご要望は
shin@saiensu.co.jp まで.

ISBN978-4-88384-294-0

PRINTED IN JAPAN

ライブラリ 商法コア・テキスト 2

コア・テキスト
手形・小切手法

川村 正幸 著
A5判／192頁／本体1,600円（税抜き）

商法学修のコアが習得できる「ライブラリ 商法コア・テキスト」
の一巻として，斯学の第一人者が手形法・小切手法のアウトラ
インと主要論点についてコンパクトにまとめた入門テキスト。
2017年民法改正に対応して最新の内容で解説。読みやすい２色
刷と多数の図解により初学者の学びやすさに配慮した。法学部
生・各種試験受験生，また金融実務に携わる方に最適の書。

【主要目次】
手形・小切手制度の意義／手形・小切手と実質関係／手形行為／約
束手形の振出し／約束手形の流通／手形抗弁の制限／約束手形の取
立てと支払い／為替手形／小切手

発行 新世社　　　発売 サイエンス社